教育学视角下高校课程思政理论与实践研究

许明月◎著

首都经济贸易大学出版社
Capital University of Economics and Business Press
·北京·

图书在版编目（CIP）数据

教育学视角下高校课程思政理论与实践研究 / 许明月著. -- 北京 : 首都经济贸易大学出版社, 2024. 10.
ISBN 978-7-5638-3705-2

Ⅰ. G641

中国国家版本馆 CIP 数据核字第 202432JN88 号

教育学视角下高校课程思政理论与实践研究
JIAOYUXUE SHIJIAOXIA GAOXIAO KECHENG SIZHENG LILUN YU SHIJIAN YANJIU
许明月　著

责任编辑　晓　地
封面设计　砚祥志远·激光照排 TEL: 010-65976003
出版发行　首都经济贸易大学出版社
地　　址　北京市朝阳区红庙（邮编 100026）
电　　话　（010）65976483　65065761　65071505（传真）
网　　址　http://www.sjmcb.com
E- mail　publish@cueb.edu.cn
经　　销　全国新华书店
照　　排　北京砚祥志远激光照排技术有限公司
印　　刷　北京九州迅驰传媒文化有限公司
成品尺寸　170 毫米×240 毫米　1/16
字　　数　190 千字
印　　张　12
版　　次　2024 年 10 月第 1 版　2024 年 10 月第 1 次印刷
书　　号　ISBN 978-7-5638-3705-2
定　　价　52.00 元

前　言

2016年，习近平在全国高校思想政治工作会议上强调，“要用好课堂教学这个主渠道，思想政治理论课要坚持在改进中加强，提升思想政治教育亲和力和针对性，满足学生成长发展需求和期待，其他各门课程都要守好一段渠、种好责任田，使各类课程与思想政治理论课同向同行，形成协同效应”①。这是新时代党中央对高校思想政治工作的要求。所有课程、所有课堂、所有教师都有育人责任，高校要充分发挥课堂教学主渠道作用，全面落实立德树人根本任务。课程思政缘起于习近平这一重要论述，如今已成为高校教学理论研究和实践的热点。

课程思政是新时代高校思想政治教育的创新实践，具有鲜明的时代特征。多年来，高校教师和研究人员围绕课程思政的时代价值、实现路径、教学资源等进行了深入研究和广泛探讨，取得了宝贵的成果和有借鉴意义的经验。但在具体教学实践中还存在避开专业谈思政、隐性教育显性化、重视课程开发忽视过程影响等问题，出现这些问题的原因多来自学理意义上对课程思政认知和理解的偏差。课程思政指向的是一门门具体课程，任何一门课程的改革实践与教学反思，都离不开教育学视角。因此，回归到教育本质进行课程思政教学探索与实践是深化课程思政建设的关键。

毋庸置疑，课程思政建设的重点在课堂、关键在教师。课程思政不是课堂教学过程中的思想灌输与道德训诫，因为灌输与训诫本身不是教育的本质要求，尤其是在高等教育阶段。高校的课堂教学更主要的是教师引导学生进入知识殿堂的深处，为学生展示艰深曲折的科技知识背后的人类高尚情怀，并且揭示这些知识在中国共产党带领中国人民进行中华民族伟大

---

① 习近平在全国高校思想政治工作会议上强调 把思想政治工作贯穿教育教学全过程 开创我国高等教育事业发展新局面［N］. 人民日报，2016-12-09（1）.

复兴征程中的重要价值，同时也呈现中华优秀传统文化中包含着的对自然与宇宙的卓越认识和对人类情感的丰富体验。这些内容与各门课程讲授的科学知识构成了引领广大青年学子最终形成健康的世界观、人生观与价值观的精准坐标。课程思政不是一种嵌入式的表达，课堂教学中要恰如其分地宣传社会主义理想与共产主义信念，阐释科学理论背后的人文精神与社会意义，展现中华优秀传统文化的魅力与感染力，青年学子在此过程中受到科学与人文、理想与信念、责任与使命的多重熏陶与感召，增强抵御不良思潮渗透的能力，自觉自愿地自我培育起匹配着时代建设者、未来接班人角色的能力，这是课程思政的终极目标与永不停歇的使命。

从这一视角看待课程思政，无疑对广大高校教师提出了更高的要求。人们崇敬战火纷飞中屹立的西南联大，怀念新中国成立后高校曾经的质朴与纯净。这些愿望更多地反映出人们对于大学教师这个职业高度的评判标准，而这种评判标准随着时代的发展又有了新的内容。当今中国与改革开放前相比有了天翻地覆的变化，科学知识存量极大增加，大学生的视野更为开阔，社会生活的广度极大扩展。人们对于高校教师的知识水平、教学能力、道德品格也提出了更高的要求，更深的专业知识、更好的师德修养、更高的教学水平、更优的知识结构。回应人民对更好教育的期盼，就要有一支师德高尚、业务精湛的高素质专业化教师队伍。教师是将个人品德与职业道德高度融合的职业，高校开展课程思政建设可以帮助教师重新审视教师的职业内涵，努力提升政治思想素养，不断增强课堂育人本领，持续改进教育质量效果。课程思政不仅作用于学生，也是高校教师自我成长与升华的途径，教师在培养学生的同时何尝不是在进行自我教育、自我激励与自我提升。课程思政为高校教师的成长提供了极为丰富的精神图景与动力来源，点滴方寸之间深刻理解并努力践行为党育人、为国育才的神圣职责。

任何一种教学过程要想取得好的教学效果都离不开师生双方的积极参与，教学过程从来不是教与学单独一方的收获与成长，而是双方对知识、对人生的共同感悟与领会。在此意义上，课程思政不是新的教育思想，而是高校坚持用习近平新时代中国特色社会主义思想铸魂育人，实现习近平新时代中国特色社会主义思想进教材、进课堂、进头脑的方法；是中国高等教育在新时代背景下对人才培养的再次凝练与升华，是对新时代教师教书育人职责的拓展与深化。

目　录

第一章
课程思政的内涵与价值

第一节　课程思政的内涵

党的十八大以来，党中央高度重视高校思想政治工作，重视立德树人在教育中的重要地位和作用，多次强调要坚持把立德树人作为根本任务，培养德智体美劳全面发展的社会主义建设者和接班人。课程思政是高校落实立德树人根本任务的重要举措，是构建德智体美劳全面培养的教育体系和高水平人才培养体系的有效切入，是指导所有课程发挥思想政治教育功能的育人理念。课程思政缘起于 2016 年 12 月习近平在全国高校思想政治工作会上的讲话，自课程思政的概念提出以来，关于课程思政的内涵、特点、意义等问题一直在探讨中，有些问题还需进一步研究，以更好地指导高校课程思政教学改革。

一、课程思政内涵研究

关于课程思政的内涵，国内学者观点不一，有学者认为，课程思政实质是一种课程观，不是增开一门课，也不是增设一项活动，而是将高校思想政治教育融入课程教学和改革的各环节、各方面，实现立德树人润物无声①。

有学者从广义课程与狭义课程概念内涵的角度阐释课程思政内涵。广义课程包含思想政治理论课在内的全部课程，广义的课程思政即指向高校整个思想政治体系；狭义课程指思想政治理论课以外的其他课程，狭义课程思政则是在思想政治理论课以外的其他课程中融入思想政治教育②。

有学者认为，课程思政是对课程的思想政治教育内涵的彰显和功能的发挥。课程思政是以课程为载体，以隐性教育的方法，将思想政治教育的原则、要求和内容，与课程设计、教材开发、课程实施、课程评价等有机结合的一种思想政治教育形式。课程思政不仅在于将思想政治教育的原则、核心内容与要求融入课程教学之中，更在于在思想政治教育原则指引

---

① 高德毅，宗爱东．课程思政：有效发挥课堂育人主渠道作用的必然选择［J］．思想理论教育导刊，2017（1）：31-34.

② 刘建军．课程思政：内涵、特点与路径［J］．教育研究，2020（9）：28-33.

之下，对专业课程等进行深度开发，充分挖掘和激发其中的思想政治教育内涵，科学规划和有序开展思想政治教育，有序有效地推动思想政治教育活动①。

有学者从宏观角度阐释课程思政的内涵，认为课程思政是对新时代高等教育更好发挥“四个服务”功能的理念创新、制度创新和实践创新②。在不同维度下课程思政内涵有所不同，从发展维度看，课程思政是教书育人职责的深化和拓展，是对高校思想政治教育认识的深化，是将高校思想政治教育“主渠道”从单一的思想政治理论课延伸扩展到各门各类课程；从理论维度看，课程思政是教育理念的时代发展，是指导高校各门课程与思想政治理论课同向同行，充分发挥所承载的思想政治教育功能，形成“全课程育人”格局的一种新时代教育理念；从实践维度看，课程思政是立德树人的根本举措，是高校课堂教学改革的目标和载体，是对包括思想政治理论课在内的所有课程发挥育人功能的新要求和对所有课程教学价值的新回归③。

从以上讨论可以看出，多数学者认为，课程思政是将高校思想政治教育融入课程教学各环节、各方面，实现立德树人根本任务的手段。尽管学者们对课程思政概念界定有所不同，但在育人目标指向、思政元素融入、协同育人功能等方面基本能达成共识，即认为课程思政是新时代高校思想政治教育工作的创新，是围绕立德树人的根本任务，挖掘课程中的思想政治教育元素，并有机融入课堂教学活动，实现各门课程与思想政治理论课协同育人的目的。课程思政不是新增一门或几门思政类课程，也不是将专业课程改造成思政课模式。课程思政的指向还是课程，是各门各类课程在坚持专业人才培养目标的基础上，将思政之“盐”融入专业课教学中，发挥课程育人功能，实现价值塑造、知识传授和能力培养的有机统一。因此，回归到课程本质认识和讨论课程思政的内涵，对高校深入推进课程思

---

① 陆道坤．课程思政推行中若干核心问题及解决思路：基于专业课程思政的探讨［J］．思想理论教育，2018（3）：64-69.

② 韩宪洲．论课程思政建设中的几个基本问题：课程思政是什么、为什么、怎么干、怎么看［J］．北京教育，2020（5）：48-50.

③ 韩宪洲．以“课程思政”推进中国特色社会主义一流大学建设［J］．中国高等教育，2018（23）：4-6.

政建设具有方向性的指导意义。

二、课程的内涵

在现代教育中，课程是学校为了实现教育的目的、目标，向学生提供预先计划好的教学内容，以此培养和发展学生的品格，开发学生的潜能。20世纪前“课程”通常作为“学科内容”的同义语被理解和运用，后来受进步主义、人本主义教育思想的影响，西方学者开始重新反思和界定课程的概念，之前具有明确内涵的“课程”概念在不同学术流派的争鸣中被赋予了更多的含义。

（一）课程是学科或教学内容①

这个界定把课程等同于是学科或全部教学科目，强调知识的组织、积累与保存功能。如《中国大百科全书·教育》中将课程界定为所有学科（教学科目）的总和，或指学生在教师指导下各种活动的总和。这个界定将课程看成是为实现学校教育目标而选择的教学内容的总和，包括学校所教各门学科的活动。这个界定指明了课程的外延，并未真正揭示课程的本质内涵，以及与学科间的区别，只是表面化、形式化地指出了课程方向。

（二）课程是预期学习结果②

这个界定把课程视为预期的学习结果和目标，关心学生学到什么或能做什么，不太关心学生在学习情境中发生什么。课程内容以及教学过程要体现学习结果的要求。这种课程观显然混淆了课程目标与课程本质的关系，课程本质与课程目标、预期结果是两个范畴的内容，目标与预期结果绝不能构成课程的本质。

（三）课程是学生获得的全部经验③

这种课程观将课程看作是学生学习获得的经验。认为课程是学生在学校教学过程结束后所获得的经验，是教师灌输给学生的间接经验，学生未

---

① 华东师范大学教育系，杭州大学教育系．现代西方资产阶级教育思想流派论著选［M］．北京：人民教育出版社，1980：206.

② JOHNSON M. Appropriate research directions in curriculum and instruction［J］. Curriculum theory network，1971（6）：25.

③ 靳玉乐．现代课程论［M］．重庆：西南师范大学出版社，1995：65.

获得的部分如何界定并未给予解释和说明。这种课程观重视学校或教师指导的结果，忽视学生在学校环境中所获得的直接经验。

（四）课程是学校组织的有计划的学习活动①

这个界定强调把活动纳入课程的组成部分，不反对“学科课程”，认为课程不仅包括学科，还包括其他内容，如实践、劳动等。学生在教学活动之外的其他活动中也能获取某些知识、经验，而这些知识和经验又是传统的学科课程所无法包容和解释的。这种课程观认为，课程不应只是内容本身，还要对涵盖在课程中的活动内容和性质做出限定，所有有教育意义的活动都属于课程。这种课程观将活动纳入课程的组成部分，使课程融入了两种性质不同的对象，内涵更为广泛。

（五）课程是一种计划或方案②

这种课程观认为课程是学习者在学校指导下所获得的全部经验的计划和方案。这个界定突破了以往课程单一规定性或描述性的定义方式，把课程看作是某种计划。这种将课程看成是学习或教学计划的观点，混淆了课程与教学的关系，使课程泛化为学校教育的同义语，失去了具体的指向性内涵。

从以上关于课程本质内涵的讨论可以看出，对课程本质的认识已从最初的“学科教材”认识中走出来，经验、结果、过程、活动、计划等课程观渐渐被人们所认识和接受。尽管每种课程观有其依据和合理性，但只反映了一种特别的看法，没能提供一个全面的课程内涵。课程作为一种具有多方面来源的客观现象，作为学校借以实现其目标、完成其任务的主要手段和媒介，其内涵是在学校教育环境中，旨在使学生获得的、促进其全面发展的、可迁移的教育性活动的计划；从其外延看，课程是一种系统的知识、经验，既包括学校教学计划中的所有课程，也包括在学校环境影响下所获得的各种经验。

课程本质规定着课程研究的方法论取向，课程的来源或制约因素规定着课程内容选择和课程实施的立足点及范围、方向。从课程内涵和外延的

---

① 王策三．教学论稿［M］．北京：人民教育出版社，1985：201.

② 李臣之．试论活动课程的本质［J］．课程·教材·教法，1995（12）：11.

界定中可以看出，课程超越了以往只限于课堂上的学科课程的概念，及教学是课程实施的唯一途径的观点，而是把课程放在整个学校教育环境中加以限定，课程成为学校环境及多种教育活动发挥教育作用的载体，不仅扩大了学生接受教育的空间，而且增强了整个教育环境的可控性及影响的一致性。从内容选择看，这个界定突破了传统课程观只注重知识和经验的积累，要求学生尽可能多地掌握课程承载的知识经验的旧观念，把积累、迁移、全面发展等因素作为课程内容选择的依据。在课程的实施方面，这个界定对课程目标的制定、课程计划的设计、课程标准的编写、课程内容的选择、课程评价的实施等课程要素提出了新的要求，要根据外在变化进行批判性选择，反对固守传统模式的教学活动，不断反思课程实施中的程序原则及其价值，尤其对于内隐于课程中的情感、态度、价值观等要素要给予普遍关照。

三、课程思政

（一）课程思政的含义

课程是学校教育中能促进学生全面发展的所有要素及进程的总和，不仅包括学习科目、实践活动，还包括学校对学生施以的潜在影响。课程思政是在课程中施以“润物无声”的思政教育，既是一种育人理念，也是一种课程观。从本质看，课程思政没有改变课程属性，指向的还是课程，是对课程进行的改革。

促进学生全面发展的所有要素都属于课程，那么，课程思政从外延看就不能仅局限在学校教育中的具体学习科目上，所有有利于学生发展的、显性的、隐性的教育活动和影响都属于课程思政教学改革的范畴，如课堂教学、实习实训、辅导答疑、作业论文、交流研讨、社会实践、志愿服务等。那些渗透到师生互动、课堂管理、课堂学习氛围营造等活动中的所有隐性育人方式也是课程思政的建设范畴。

从内涵看，课程思政是新时代对“课程”内蕴的价值理性赋予新含义的再生概念，是高校为了实现人才培养目标，实现立德树人的根本任务，在学校教学活动中探索、挖掘与知识内容、教育实践联系紧密，对学生正确价值观养成至关重要的元素，并将这些元素潜移默化、润物无声地融入课堂教学与实践活动的过程。在课程思政育人理念下，高校课程应重新定位知识、能力与价值之间的关系，对内隐于课程中的情感、态度、价值观要素，要以满足于国家政治、社会发展的需要进行设计和实施，是新时代高校课程思政建设的内在要求。

（二）课程思政相关概念

1. 思政课程与课程思政

课程思政与思想政治理论课是新时代高校加强思想政治教育工作的两个方面，都是落实立德树人根本任务的手段。二者在培养德智体美劳全面发展的建设者和接班人上，具有共同的目标指向，但在具体的人才培养要求上二者有所不同。

思想政治理论课是高校落实立德树人根本任务的关键课程。是集政治性、思想性和理论性于一体，以立德树人、培根铸魂为根本任务的专门课程，是高校加强马克思主义教育，巩固马克思主义在高校意识形态领域的指导地位，坚持社会主义办学方向的重要阵地。因此，在高校课程体系中，思想政治理论课处于思想指导地位，引领其他各类课程发挥好课堂主渠道的作用。在具体实践中，思想政治理论课要对学生进行系统的马克思主义理论教育，引导学生用科学理论武装头脑，帮助学生扣好人生的第一粒扣子，筑牢学生的信仰基石，提高学生的思想水平、政治觉悟和道德品质，为学生的健康成长发挥好关键课程的作用。

课程思政是指导高校所有课程发挥思想政治教育功能，形成“全课程育人”格局的一种育人理念。从本质看，课程思政是对课程的深度开发，将渗透在课程中的思想政治教育元素和育人要素挖掘出来并融入教学活动中，实现课程的社会文化价值功能和育人功能。课程本身具有价值属性，课程思政不是为了达到专业课程的思政教育目的而添加思政元素，而是将课程本身蕴含的思政元素挖掘出来，并融入课程教学中的育人形式，是将高校思想政治教育的“主渠道”从单一的思想政治理论课延伸扩展到各门各类课程的教学改革。

2. 显性课程与隐性课程

课程是学生在学校获得的全部经验，既包括学校教育中有计划、有组织实施的显性课程，也包括伴随着显性课程随机出现的隐性课程。隐性课程与显性课程共同构成学校课程，对课程思政的讨论大多强调显性课程的计划、组织和实施，容易忽视那些潜在的、给学生潜移默化影响和教育的隐性课程。课程思政教学改革不仅要在显性课程上下功夫，更要发挥隐性课程的育人功能。

隐性课程是学生在学校环境中所学到的非预期或非计划性的知识、价值观念、规范和态度。具体说，隐性课程是没有经过事先设计，无计划、无目的、组织性不强的学习内容和经验。这些内容和经验通常是伴随有计划、有组织的教学内容随机出现的，对学生起潜移默化影响的内容。例如，校园文化氛围、学生管理方式、师生人际关系等，对学生积极态度和价值观形成具有强有力的、持续性影响的教育内容。学生从这些影响中形成了价值、规范和态度，逐渐完成社会化，发展成为社会需要的人。隐性课程以一种特殊方式发挥着课程思政的育人作用，因此只重视显性课程的课程思政建设是不全面、不深入的。

3. 课程思政与专业思政

专业思政是与课程思政相对应的概念。课程思政是在每门课程中融入思想政治教育，发挥每门课程的思想政治教育功能。专业思政则是发挥专业的思想政治教育功能。专业思政是对专业人才培养功能的新认识，是学校结合专业人才培养要求与专业特点，将思想政治教育贯穿人才培养全过程的理念。具体指根据学校人才培养总目标的要求，在专业人才培养目标中体现出专业对人才核心素养的要求。在专业人才培养方案中，要有反映专业核心素养要求的育人目标和实现路径的设计与表述；在专业人才培养各环节和各要素中，如课程体系、课程编制、教学内容、师资队伍、教学条件、教学保障等，要有机融入专业所蕴含的思想政治教育元素，发挥所承载的思想政治教育功能，实现专业育人和育才的统一。

在专业思政与课程思政的实践方面，要保持设计与实施的一体化。首先，在育人要求上是一体的。专业思政不仅为课程思政建设明确了育人方向，规定了工作目标，营造了浓厚氛围，而且搭建了专业课程共享的思政资源平台，同时也为专业基础课程和公共基础课程提供了开展课程思政建设的专业资源。其次，在育人目标上是一体的。专业思政对包括课程思政在内的各要素进行一体化设计和实施，即把思想政治教育贯通专业建设各环节、全过程。在培养目标上明确人才培养规格的思想政治素质要求，在课程设置、教学大纲、教学内容、教学条件等方面要落实培养目标的要求，体现专业思政的内容和要求。最后，改革实施也是一体的。坚持在专业思政基础上的课程思政建设，专业思政为课程思政聚焦育人方向，不能脱离专业独立进行课程思政建设，要严格遵循专业建设规律开展课程思政教学改革。

四、课程思政的特点

（一）内容的间接性

在课程的逻辑结构生成中，社会文化价值以先决条件隐含在其中，并发挥其应有作用。发挥课程的文化价值功能，并使之更好地与时代精神相一致是高校课程思政建设的目的之一。一直以来，高校专业课程过多关注课程的工具意义，而忽视社会文化价值功能，课程思政教学改革就是将渗透在课程内容和教学方法中的思想政治教育和文化价值元素挖掘出来，并有机融入教育教学活动中，所挖掘的元素要体现政治性、饱含育人性、富有科学性与生动性，以此实现价值引领、知识传授和能力培养的有机统一，达到课程育人的目的。

（二）实施的隐蔽性

从课程思政的源起看，课程思政的出现是为了打破高校思想政治教育的“孤岛”困境，借助课程合力落实立德树人根本任务。与专门化的思想政治教育理论课相比，课程思政不是通过讲授显性的思想政治理论知识实现育人，而是在课堂教学中，将思想政治教育元素融入专业知识讲授中，以潜移默化、润物无声的方式达到育人目的，实现方式具有一定的隐蔽性。

此外，显性课堂教学之外还存在隐性课程，以隐蔽方式对学生的情感、态度和价值观施以影响。课程思政建设不仅要发挥显性的课堂教学育人作用，还要在课堂教学之外的辅导答疑、实践实训、交流研讨等环节中，通过示范、感染、熏陶、暗示等间接方式影响学生。这种隐蔽的育人方式更容易被学生接受，育人效果会更理想。

（三）范围的广泛性

课程思政贯穿教育教学全过程，不仅限于校内，还涉及校外实习实践、志愿服务、调研参观等；不仅限于课堂教学上，还涉及课后辅导答疑、作业论文、交流研讨等教学环节；不仅限于线下教学，还涉及线上教学；不仅体现在显性教学上，还渗透到师生互动、课堂管理等隐性教育活动中。从这个层面看，课程思政涉及的范围广泛，把思想政治教育贯穿于教育教学全过程。

第二节　课程思政的发展历程

课程思政是新时代高校思想政治工作的创新，是对高校育人理念、育人模式与育人机制的创新。2016 年全国高校思想政治工作会以来，课程思政无论在认识上、理论上还是实践上都得到了快速发展，回顾课程思政发展历程，可分为四个阶段。

一、课程思政理念孕育阶段

课程思政缘起于习近平在全国高校思想政治工作会议上关于“使各类课程与思想政治理论课同向同行，形成协同效应”的重要论述。这一论述提出前，全国高校还未开展课程思政教学改革，但从中共中央下发的文件中可以看出，课程思政教育理念已呼之欲出。2014 年 12 月，习近平在第 23 次全国高校党的建设工作会议上强调，“办好中国特色社会主义大学，要坚持立德树人，把培育和践行社会主义核心价值观融入教书育人全过程”①。2015 年初，中共中央办公厅、国务院办公厅联合下发《关于进一步加强和改进新形势下高校宣传思想工作的意见》，明确提出“要充分发挥高校哲学社会科学育人功能，深化哲学社会科学教育教学改革，充分挖掘哲学社会科学课程的思想政治教育资源，建立健全符合国情的哲学社会

---

① 中华人民共和国教育部．第 23 次全国高等学校党的建设工作会议情况综述［EB/OL］．（2015－01－12）［2023－03－20］．http：//www. moe. gov. cn/s78/A12/s8352/moe _ 1445/201501/t20150112_182961. html.

科学人才培养质量标准体系”①。

在此背景下，上海市教委率先开展了将德育纳入教育综合改革的实践，探索从思想政治理论课向课程思政的转变，提出了“课程思政”的概念。2014年，上海市委、市政府印发《上海市教育综合改革方案（2014—2020年）》，明确提出要坚持“育人为本，德育为先”，把立德树人作为教育的根本任务，把培育和践行社会主义核心价值观有机融入整个教育体系，渗透到学校教育教学全过程，充分体现在学校日常管理中。随后推出了“大国方略”等一批“中国系列”课程，并选取部分高校进行试点，发掘专业课程思想政治教育资源。上海高校的思想政治教育创新实践，为新时代高校思想政治工作改革提供了思路——不能仅依靠“思政课”开展思想政治教育，应抓住课程改革的核心环节，充分发挥课堂教学在育人中的主渠道作用，将教书育人落实到所有课堂教学中，发挥所有课程的育人功能。2016年11月，华东政法大学召开“从思政课程到课程思政——高校思想政治理论教育课程体系创新”研讨会，会上总结了“中国系列”课程建设取得的经验，围绕高校思想政治教育改革提出了“课程思政”育人理念，指出高校应从思政课单一的思政教育形式转向思政课程与课程思政相结合的思想政治教育模式，此次会议在实践层面推动了全国高校课程思政教学改革的发展。

二、课程思政初步探索阶段

上海高校思想政治教育改革探索推动了全国高校课程思政的发展。2016年12月，习近平在全国高校思想政治工作会议上强调，“要用好课堂教学这个主渠道，思想政治理论课要坚持在改进中加强，提高思想政治教育的亲和力和针对性，满足学生成长发展需求和期待，其他各门课程都要守好一段渠、种好责任田，使各类课程与思想政治理论课同向同行，形成

① 中共中央办公厅、国务院办公厅印发《关于进一步加强和改进新形势下高校宣传思想工作的意见》［EB/OL］.（2015-01-19）［2023-03-20］. https：//www.gov.cn/xinwen/2015-01/19/content_2806397.htm.

协同效应"①。习近平的讲话从国家层面明确了新时代高校思想政治工作的改革方向，被称为是课程思政的缘起②。2017 年 9 月，中共中央办公厅、国务院办公厅印发《关于深化教育体制机制改革的意见》，明确提出要"健全立德树人系统化落实机制，健全全员育人、全过程育人、全方位育人的体制机制，充分发掘各门课程中的德育内涵，加强德育课程、思政课程"③。2017 年 12 月，教育部印发《高校思想政治工作质量提升工程实施纲要》，明确提出要构建"课程育人质量提升体系。大力推动以'课程思政'为目标的课堂教学改革，优化课程设置，修订专业教材，完善教学设计，加强教学管理，梳理各门专业课所蕴含的思想政治教育元素和所承载的思想政治教育功能，融入课堂教学各个环节，实现思想政治教育与知识体系教育的有机统一。"④ 这是首次从国家层面提出要将思想政治教育理念贯穿于整个课程体系之中。

习近平的系列讲话及中共中央、教育部的系列文件，全面厘清了课程思政的目的、地位、作用以及实践方向。高校课程思政建设要立足于解决培养什么人、怎样培养人、为谁培养人的根本问题，围绕全面提高人才培养能力的核心点，落实立德树人根本任务。高校思想政治工作不仅依靠思想政治理论课，还要充分发挥各门课程的思政教育功能，充分调动各门课程的育人潜能。所有课程都是育人主战场，所有课堂都是育人主渠道，所有教师都要深入挖掘各类课程和教学方式中蕴含的思想政治教育资源，将价值塑造、知识传授和能力培养融为一体，提升课程的育人能力。

全国高校思想政治工作会议后，高等教育界对于课程思政的讨论逐渐增多，认识也逐渐清晰。从 2017 年下半年开始，课程思政作为高校全方位育人的思想政治教育改革在部分高校开始试行和实践。这一阶段课程思政改革更多地集中在政府层面的顶层设计和学界层面的理论探讨，高校实践

---

① 习近平在全国高校思想政治工作会议上强调 把思想政治工作贯穿教育教学全过程 开创我国高等教育事业发展新局面［N］. 人民日报，2016-12-09（1）.

② 韩宪洲 . 新时代立德树人的理论探索与实践创新［M］. 北京：北京出版社，2021.

③ 中共中央办公厅、国务院办公厅印发《关于深化教育体制机制改革的意见》［EB/OL］.（2017-09-24）［2023-03-25］. https：//www. gov. cn/zhengce/2017-09/24/content_5227267. htm.

④ 中华人民共和国教育部 . 高校思想政治工作质量提升工程实施纲要［EB/OL］.（2017-12-05）［2023-03-25］. http：//www. moe. gov. cn/srcsite/A12/s7060/201712/t20171206_320698. html.

层面主要体现在学校的管理文件上，如何有效落地实施还在摸索和尝试中，未形成成熟的课程思政建设机制和方法路径。

三、课程思政快速发展阶段

2017 年，党的十九大报告提出“全面贯彻党的教育方针，落实立德树人根本任务”。十九大之后，党中央将“立德树人”提到学校教育中的重要地位，要求各级各类学校切实落实立德树人根本任务。2018 年 3 月，习近平在北京大学师生座谈会上明确指出：“要把立德树人的成效作为检验学校一切工作的根本标准。”“要把立德树人内化到大学建设和管理各领域、各方面、各环节，做到以树人为核心，以立德为根本。”① “要把立德树人融入思想道德教育、文化知识教育、社会实践教育各环节，贯穿基础教育、职业教育、高等教育各领域，学科体系、教学体系、教材体系、管理体系要围绕这个目标来设计，教师要围绕这个目标来教，学生要围绕这个目标来学。凡是不利于实现这个目标的做法都要坚决改过来。”② 习近平关于教育的重要论述为高校从制度层面完善课程思政建设提供了坚实的理论依据。课程思政建设要全面统筹学校管理各领域、教育教学各环节、人才培养各方面的育人资源和育人力量，构建一体化的课程思政育人体系。要以课堂教学为切入点，优化课程设置、修订专业教材、完善课程设计、挖掘专业课程所蕴含的思想政治教育元素和所承载的思想政治教育功能，将思政元素有机融入教育教学各个环节，实现思想政治教育与知识体系教育的有机统一。至此，对课程思政作为落实立德树人根本任务战略举措的认识已经成型。

随着课程思政认识的不断深入，越来越多的高校把课程思政建设作为落实立德树人根本任务的重要抓手，有计划、有步骤地推进课程思政教学改革。通过修订人才培养方案、培育示范课程、健全工作机制、强化监督指导等系列措施，推进课程思政向纵深发展。这一阶段尽管有很多高校加入改革行列，但还没有成为高校教育教学的常态，在课程思政内容体系构

① 习近平．在北京大学师生座谈会上的讲话［N］．人民日报，2018-05-03（2）．

② 习近平．坚持中国特色社会主义教育发展道路 培养德智体美劳全面发展的社会主义建设者和接班人［N］．人民日报，2018-09-11（1）．

建、思政元素挖掘、方法路径选择方面还存在着问题和误区，课程思政教学改革的范围和力度还有待扩大和加强。

四、课程思政全面推广阶段

2020年5月，教育部下发《高等学校课程思政建设指导纲要》（以下简称《纲要》），明确提出要“围绕构建高水平人才培养体系，不断完善课程思政工作体系、教学体系和内容体系”①。进一步明确了高校课程思政建设的目标要求和内容重点，强调“要紧紧围绕坚定学生理想信念，以爱党、爱国、爱社会主义、爱人民、爱集体为主线，围绕政治认同、家国情怀、文化素养、宪法法治意识、道德修养等优化课程思政内容供给”②。将课程思政融入课堂教学建设，作为课程设置、教学大纲核准和教案评价的重要内容，落实到课程目标设计、教学大纲修订、教材编审选用、教案课件编写各方面，贯穿于课堂授课、教学研讨、实验实训、作业论文各环节。在课程思政评价方面，要建立健全多维度的课程思政建设成效考核评价体系和监督检查机制，加强课程思政建设组织实施和条件保障。《纲要》的出台，全面厘清了高校课程思政建设的工作目标、工作思路、结构体系、建设核心及工作要求，对高校全面实施课程思政建设提出了具体指导意见。《纲要》的颁布加快了全国高校全面推进课程思政建设的步伐。

随着《纲要》的颁布，各高校课程思政建设思路更加清晰，方法路径更加明确。广大教师课程思政建设意识和能力逐步提升，自觉将课程思政落实到教学文件的编写、课程内容的设计、教案课件的修订中，不断进行教学方法和手段的改革。这一阶段对课程思政理论研究和改革实践的热潮已经形成，高校从管理、教学、服务等方面全面启动课程思政建设，课程思政成为高校教育教学的“规定动作”、教育管理的重要课题，课程思政建设成效成为一流专业、一流课程、专业认证、教学评估、学科评估、学校考核、职称评定、岗位聘任的重要内容。广大教师参与课程思政建设的

---

① 中华人民共和国教育部．高等学校课程思政建设指导纲要［EB/OL］.（2020-06-01）［2022-03-25］. http：//www. moe. gov. cn/srcsite/A08/s7056/202006/t20200603_462437. html.

② 中华人民共和国教育部．高等学校课程思政建设指导纲要［EB/OL］.（2020-06-01）［2022-03-25］. http：//www. moe. gov. cn/srcsite/A08/s7056/202006/t20200603_462437. html.

热情极大提升，高校课程思政的育人氛围已经形成。

课程思政是一场从上至下的思想政治教育改革，几年的改革之路，是我国高等教育领域学懂弄通做实习近平新时代中国特色社会主义思想的过程体现。几年的改革实践中，广大教师自觉挖掘思政元素、有机融入课堂的课程思政意识和育人行为已经形成，高等院校“课程门门有思政、教师人人讲育人”的浓郁氛围已经形成，在此过程中我国高等教育的面貌也发生了格局性的变化。

第三节 课程思政的时代价值

课程思政是新时代高校做好思想政治工作，用好课程教学主渠道，系统落实立德树人根本任务的创新实践，是对新时代高校思想政治工作规律的深刻把握和运用，要站在为党育人、为国育才，站在民族复兴和国家崛起的高度深刻认识课程思政的时代价值。

一、课程思政是落实立德树人根本任务的战略举措

教育是国之大计、党之大计，高校肩负着为党和国家培养人才的重要使命。习近平在党的十九大报告中强调，要“全面贯彻党的教育方针，落实立德树人根本任务”①。把立德树人作为教育的根本任务，既有鲜明的时代特征，又符合人才成长的根本规律。高校落实立德树人根本任务，就要利用一切可利用的资源、渠道和方法，将立德树人内化到教学和管理的各领域、各方面、各环节。课程思政是学校利用课程载体落实立德树人根本任务的改革实践，是寓价值观引导于知识传授和能力培养之中的教学理念和方法。教师在传授知识和培养能力的同时，帮助学生塑造正确的世界观、人生观和价值观，是人才培养的应有之义，也是新时代人才培养的基本要求。高校落实立德树人根本任务必须将价值塑造、知识传授和能力培养融为一体，用好课堂教学的主渠道，所有课程、所有课堂、所有教师都

① 习近平．决胜全面建成小康社会 夺取新时代中国特色社会主义伟大胜利：在中国共产党第十九次全国代表大会上的报告［N］．人民日报，2017-10-28（1）．

承担好育人责任，将思想政治教育润物无声地融入教育教学全过程。这一举措事关立德树人根本任务的有效落实，事关高校的办学方向和人才培养质量。

二、课程思政是全面提高人才培养质量的有效途径

习近平在党的二十大报告中，对实施科教兴国战略做出全面部署，高等学校要“坚持为党育人、为国育才，全面提高人才自主培养质量，着力造就拔尖创新人才”①。新时代高质量拔尖创新人才应是政治坚定，具有正确的政治追求和理想信念；勇于担当，具备强烈的社会责任感和家国情怀；锐意创新，具备卓越的创新精神和创造能力；勇于实践，具备突出的社会实践和发展能力的人。培养造就一批有政治追求、社会担当、创新精神和实践能力的高质量人才是新时代教育的历史责任，也是新时代高校的重要使命。

高质量人才培养需要构建起以立德树人为根本，以理想信念教育为核心，将思想政治教育贯通人才培养全过程的高水平的人才培养体系。当前，高校存在专业教育与思想政治教育“两张皮”现象，各类课程未能充分发挥课程的育人功能，未能与思想政治理论课形成良好的育人合力。在专业课程教学中教师更重视对学生的知识传授、能力培养，把知识和能力作为评价学生学习成效的标准，未能形成全过程、全方位的育人格局。鉴于此，高校要培养高质量人才必须进行方法论意义上的变革。课程思政是解决专业教育与思政教育“两张皮”，将思想政治工作体系贯通人才培养体系的重要手段和有效途径。高校通过课程思政建设，把思想政治教育融入课堂教学、实习实践、社会服务各环节。价值塑造不仅是思政课教师、思政课堂的任务，所有教师都有育人责任，所有课堂都是育人主战场，教师深入挖掘课程和教学方法中蕴含的思政元素，并有机融入课堂教学之中，让学生通过学习，掌握事物发展规律，通晓道理，丰富学识，塑造品格，是高校培养高质量人才的必然选择。

---

① 习近平．高举中国特色社会主义伟大旗帜 为全面建设社会主义现代化国家而团结奋斗：在中国共产党第二十次全国代表大会上的报告［N］．人民日报，2022-10-17（1）．

三、课程思政是构建全课程育人模式的创新实践

一直以来，高校思想政治教育被当作是思想政治理论课的任务，坚守意识形态阵地任务一直落在思政课教师的身上。这种思想政治教育“孤岛化”的现象影响了高校立德树人根本任务的落实。改变“孤岛化”现象，要将高校思想政治教育的“主渠道”从单一的思想政治理论课延伸扩展到所有课程。课程思政与思想政治理论课是新时代高校进一步加强和改进思想政治工作，落实立德树人根本任务的两个途径。

课程思政不是在课堂教学中单独增加思想政治教育内容，而是结合学科专业课程特点对教学内容逻辑体系进行重新设计，将专业知识中蕴含的思政元素或思政教育资源在教学过程中给予特别关注和强调，以隐性教育的方式将价值塑造融入每节课、每门课，强化课程的育人功能。每门课程根据课程特点、思维方法和价值理念，挖掘知识点中蕴含的思政教育资源，构建系统的课程思政内容体系。课程思政内容建设要服从于专业思政建设要求，每个专业根据专业人才培养目标和毕业要求，结合专业课程的思政教育资源，形成专业思政核心素养要求。专业思政为课程思政搭建思政资源平台，助力课程思政聚焦育人方向，构建贯通全专业的课程思政内容体系，形成基于专业的全课程育人模式。总之，课程思政不是仅对一门课程进行的改革，而是对所有专业、所有课程进行的改革，通过构建全课程育人模式，发挥所有课程的思想政治教育功能。

四、课程思政是破解师德师风建设难题的有效方法

落实立德树人根本任务的关键在教师，教师从事的是传播知识、传播思想、传播真理、塑造灵魂、塑造生命、塑造人的工作。“经师易得，仁师难求”，“建设政治素质过硬、业务能力精湛、育人水平高超的高素质教师队伍是大学建设的基础性工作”①。评价教师队伍素质的第一标准是师德师风，教师要加强师德师风建设，以德立身、以德立学、以德施教。教师的一言一行、一举一动都是其师德师风的直接体现，对学生有潜移默化的

① 习近平．在北京大学师生座谈会上的讲话［N］．人民日报，2018-05-03（2）．

影响。

一直以来，有些高校管理者和教师对师德师风建设的理解有些偏狭，认为师德师风就是教师没有学术不端，没有出现教学事故，工作中不犯错误。很多高校的师德师风建设也多采取听报告、办讲座、观看电影的形式，这些方法只能烘托气氛，却无法入脑入心。师德师风建设落到实处应是让教师自发自觉去学习、去修身和提高。

课程思政要求所有教师亲自参与教学改革活动，教师开展课程思政建设，挖掘课程中蕴含的思政元素的深度和广度，有机融入课堂教学的准确度与契合度都与教师自身的思想意识、专业水平、业务能力密切相关，这就要求教师“教育者先受教育”。教师要主动学习党的创新理论，加强师德修养，提升课程思政教学设计能力，增强育人本领。并通过课程思政教学实践中的不断反思和持续改进，把师德规范转化为自己稳定的教学态度和习惯化的育人方式，努力在明道、信道的基础上，向学生传道、授业、解惑。从这个角度看，课程思政是解决师德师风建设问题的有效办法和手段。

第二章
课程思政理论基础

新时代课程思政育人理念的提出离不开马克思主义教育思想以及习近平关于教育的重要论述和课程设计理论的支撑。马克思主义教育思想是课程思政的思想源泉，习近平关于教育的重要论述是课程思政的理论遵循，课程设计理论是课程思政教学设计的方法依据。

第一节　马克思主义教育哲学是课程思政的思想源泉

“培养什么人、怎样培养人、为谁培养人”是教育的根本问题，课程思政是党中央为解决好这个根本问题对高等学校提出的具体要求。马克思主义教育哲学是保证中国特色社会主义教育理论和实践方向正确的理论指导。马克思主义创始人早在无产阶级准备和革命时期，就对“培养什么人、怎样培养人、为谁培养人”的问题做过深刻阐释。如今高等学校开展课程思政建设，要探本溯源，从马克思主义教育哲学视角剖析课程思政的内在逻辑。这对深刻认识课程思政的本质，把握课程思政的时代价值，深化课程思政的创新实践，具有重要的理论价值和现实意义。

一、马克思主义教育哲学的理论内涵

马克思主义教育哲学从马克思主义哲学视角研究教育的本质，阐释教育为谁培养人、培养什么人和如何培养人的问题。在马克思主义教育哲学体系中，“教育本质观”“人的全面发展思想”“教育与生产劳动相结合”是最主要、最基本的研究论域。

教育作为培养人的活动，马克思之前的思想家从不同角度描述了教育的本质和功能，如经验主义认为，教育的本质是向受教育者传授知识，培养各方面人才①；理性主义认为，教育的本质是训练精神以反对任性的思想②。马克思则是从唯物史观角度剖析了教育的本质，马克思认为，教育是社会精神生活的生产和再生产活动，具体是通过科学文化的再生产，最

① 黄济，王策三．现代教育论［M］．北京：人民教育出版社，1996：53.

② 黄济，王策三．现代教育论［M］．北京：人民教育出版社，1996：58.

终实现人类自身素质的再生产①。教育作为社会精神生活的再生产活动，受生产力和生产关系的制约，分别具有生产力和生产关系的属性和功能。在不同历史时期，社会基本矛盾的两个方面所处地位不同，受它制约的教育就表现出不同的功能。在无产阶级革命时期，阶级斗争是主要矛盾，教育主要体现为生产关系属性和政治功能。随着社会发展，当阶级斗争不再是社会主要矛盾时，教育更多地体现为生产力属性和经济功能。马克思的教育本质观实际上阐明了教育虽为培养人的活动，但它受社会基本矛盾的制约，是有阶级性的。

马克思主义哲学思想中“人的问题”是具有核心价值的问题，马克思在深刻剖析资本主义制度下人的片面发展根源的基础上，提出了人的全面发展思想。马克思认为，旧的分工侵袭了人的劳动能力，压抑了人的生产兴趣和才能，将人变成了畸形发展的个体②。人的全面发展是一个历史概念，只有在消灭私有制及旧的分工，异化劳动不复存在，生产力高度发展，科技日益进步的社会条件下，才能实现人的全面发展，这个理想在社会主义、共产主义取代资本主义后才能逐步得以实现。马克思人的全面的发展包含多个层面和维度的规定性，包括人的活动、需要、能力、个性、社会关系等方面的提高和自由发展。人的全面发展的意义在于人能够适应不同的劳动需求，把不同社会职能当作相互交替的活动方式，生产劳动是人的发展中的重要问题。

马克思把教育同生产劳动相结合看成是培养全面发展的人的方法。马克思认为，资本主义生产力的飞速发展对工人提出了更高要求，工人单一的劳动技能无法满足生产需要，必须全面培养和提升工人的劳动技能才能适应现代工业进步的需要③。因此，工人要接受多方面的教育或训练，并且将教育同生产劳动相结合才能提升劳动技能水平，创造美好的生活。

二、教育本质观与课程思政

“为谁培养人”是每个国家都关心的问题，古今中外，任何一个国家

① 黄济，王策三．现代教育论［M］．北京：人民教育出版社，1996：68.
② 马克思，恩格斯．马克思恩格斯选集：第1卷［M］．北京：人民出版社，2012：418.
③ 上海师范大学教育系．列宁论教育［M］．北京：人民教育出版社，1979：119.

都是按照自己的政治要求培养人的，这一点毋庸置疑。在无产阶级准备和革命时期，马克思在《共产党宣言》中就回答了“为谁培养人”的问题，“而你们的教育不也是由社会决定的吗？不也是由你们进行教育时所处的那种社会关系决定的吗？……共产党人并没有发明社会对教育的作用；他们仅仅是要改变这种作用的性质，要使教育摆脱统治阶级的影响”①。可见，在马克思看来，教育就是为统治阶级服务的，具有一定的阶级性。在《资本论》中，马克思分析了在以资本主义生产关系为代表的私有制社会下教育的阶级属性，生产资料被少数资产阶级所垄断，资产阶级将教育当作为自己创造剩余价值、保护自身利益的工具和手段，工人阶级被剥夺了受教育的权利，不能享有平等受教育的机会。资产阶级统治下的教育造成了人的异化和畸形发展，对工人身心健康产生了消极影响。

列宁作为马克思主义的继承者和发展者对教育问题做过大量论述，列宁提出“学校可以脱离生活，可以脱离政治，这是撒谎骗人”②。教育既不是“超阶级”的，也不是“超政治”的，教育必须与政治相联系。列宁强调教育与政治相联系，不等于赞同在教育中灌输政治，对粗暴地歪曲学校同政治相联系，硬把政治不适当地灌输到年轻一代头脑中的做法，提出严厉的批评。列宁强调要发挥教师在教育中的主导作用，教师将教育与“有用的政治”联系起来关系到青年学生未来的发展。学校教学仅通过监督、教学大纲、章程等形式，不能充分保证课程的思想政治方向。列宁要求教育战线上的党的政治工作者都要严格按照党的精神工作。

马克思主义经典作家关于教育与政治关系的阐释，回答了“为谁培养人”的问题。党的十八大以来，习近平从党的建设和国家发展战略高度，强调教育要为党育人、为国育才，要坚持“为人民服务、为中国共产党治国理政服务、为巩固和发展中国特色社会主义制度服务……”③。课程思政是新时代高校的教学改革，是将渗透在课程中的思想政治教育元素和文化

① 马克思，恩格斯．马克思恩格斯文集：第5卷［M］．北京：人民出版社，2009：420.

② 马克思，恩格斯．马克思恩格斯选集：第2卷［M］．北京：人民出版社，2012：230-232.

③ 习近平在全国高校思想政治工作会议上强调 把思想政治工作贯穿教育教学全过程 开创我国高等教育事业发展新局面［N］．人民日报，2016-12-09（1）.

要素挖掘出来并融入教学活动中，实现课程的社会文化价值功能和育人功能。课程思政教育理念的提出契合我国高等教育改革发展的时代需要，契合中国当前所处的国际政治环境。高校开展课程思政建设就是要坚持党对教育事业的全面领导，坚持社会主义办学方向和育人导向，把思想价值引领贯穿课程教学全过程，在专业教学中潜移默化地将马克思主义思想理念和意识形态内化为学生的思想共识，提高学生思想水平、政治觉悟、道德品质和职业素养，达到认知和行为的统一，这是社会主义建设者的必备素质，也是培养党的事业接班人的必然要求。总之，新时代背景下高校课程思政就是通过知识传授、能力培养、价值塑造三者融为一体的教育，为党的事业培养堪当时代重任的可靠的接班人，为党育人；为社会主义现代化建设培养合格的建设者，为国育才。

三、人的全面发展与课程思政

“培养什么人”是教育的首要问题，也是新中国成立以来我国教育方针的始终表述。新中国成立后，中国共产党全面继承了马克思主义关于人的全面发展思想，将之作为我国教育方针和教育实践的理论依据。尽管随着时代变迁“德智体美全面发展”的表述有所变化，但培养全面发展的人的要求一直未变，这个要求就是建立在马克思主义关于人的全面发展思想基础上的。

实现人的全面发展被马克思视为社会主义取代资本主义的新“社会形式”的基本原则。马克思认为，人的全面发展的本质归根到底是由人的本质决定的，而人的本质又在于人的社会性，所以，人的发展体现为社会发展。社会发展说到底也是人的社会关系、社会需要和综合素质的发展，推进社会发展就是促进人的全面发展①。在马克思看来，人的全面发展是通过社会实践的形式，外化自己的内在需要、社会关系、能力和个性等本质力量，并在外化过程中进一步自我完善和发展。人的发展强调的是人的社会化程度，即人在经济、政治、文化等方面的全面而协调的发展。人的全面发展是历史发展的必然趋势，是社会主义社会追求的理想目标和价值目

① 马克思，恩格斯．马克思恩格斯选集：第1卷［M］. 北京：人民出版社，2012：137-139.

标，也是一个长期的、不断实现的活动过程。

人的全面发展是建设中国特色社会主义的本质要求，培养全面发展的人是新时代高等教育的人才培养目标。高校构建思想政治理论课与各类课程同向同行的协同育人模式，是为促进学生全面发展而采取的改革举措。学生在校学习期间，不仅有学习知识、增长才干的需要，更有健全人格、涵养精神、锤炼意志品质的渴望。课程思政将所有课程建设成价值观教育的载体，关注学生的精神世界，关心学生的情感需要，围绕学生思想实际开展人性化的思想政治教育，帮助学生确立崇高的理想和信念，满足学生在知识学习过程中更深层的价值、尊严、个性发展的要求，在传授知识中涵养品格，在培养能力中陶冶情操。可以说，课程思政是新时代背景下学生全面发展的要求与选择。

四、教育同生产劳动相结合与课程思政

马克思主义认为，人的全面发展是一个长期的过程，人的全面发展的实现需要物质基础和现实条件。马克思认为，对人的发展影响最大的因素是教育和生产劳动，离开这两方面人的发展也就无法实现①。因此，让所有适龄儿童都接受免费教育，循序渐进地施以智育、体育和技术教育，这样才能培养出全面发展的人。列宁在无产阶级革命时期发展了马克思人的全面发展理论，对如何培养一代新人提出了新要求，“应该使培养、教育和训练现代青年的全部事业，成为培养青年的共产主义道德的事业”②。青年一代必须学习科学文化知识，具备丰富的实际知识，并要具有共产主义道德品质。

教育作为培养全面发展的人的重要途径，主要通过德育、智育、体育、美育、劳动教育五育实现，在学校教育中任何一育都不能少，五育不是彼此独立的，而是互相依存、相互渗透、相互促进的关系。五育各有自己的特殊任务、内容和方法，对学生发展起着不同的作用，把五育作为一个统一整体加以实施，才能帮助学生形成合理的素质结构，培养出符合社

① 上海师范大学教育系．列宁论教育［M］．北京：人民教育出版社，1979：232.

② 列宁．列宁选集：第4卷［M］．北京：人民出版社，1995：292.

会发展需要的全面发展的人。新时代背景下，立德树人是教育的根本任务，课程思政作为高校落实立德树人根本任务的重要抓手，是将道德教育有机融入智育、体育、美育、劳动教育，推进德智体美劳相互渗透、相互融合、相互促进的长效化战略举措。

（一）德育：融入新时代德育内涵

德育是对人的全面发展起定向作用的教育。恩格斯在《反杜林论》中强调了道德教育的重要性，认为世界上不存在永恒的、普遍的道德，道德具有历史性和阶级性①。道德教育重要特征是集体主义（遵守纪律、团结友爱），对青年学生进行集体主义教育是道德教育中十分重要的内容，也是个人全面发展的重要保证。列宁从社会关系角度提出道德教育的核心是“公”，反对只关心自己而不顾别人，反对“我赚我的钱，其他一切都与我无关”的思想和习惯的道德教育，特别强调加强团结、自觉的纪律教育②。

虽然马克思主义道德观和道德教育思想产生于19世纪，但强调个人与社会、部分与集体关系的观点在当代仍然具有生命力，是建立社会主义道德观的基础。社会主义道德既包括体现国家精神和集体主义的“大德、公德”，也包括关心他人、约束自我的“私德”；既包括遵循行为准则的社会公德，也包括体现职业精神和职业规范的职业道德。课程思政是将道德教育融入智育、体育、美育、劳动教育的时代要求，高校课程思政建设要引导学生正确认识个人与集体、个人与国家的关系，教育学生将个人价值、理想追求与国家发展、民族复兴结合起来。在课程思政建设过程中，要深入挖掘课程中蕴含的道德教育资源，自觉将能够帮助学生明大德、守公德、严私德的思政元素融入教学活动中，将新时代赋予德育新内涵的社会主义核心价值观教育，实现中华民族伟大复兴的中国梦教育融入文化知识、体育锻炼、审美素养、生产劳动的教育中，提升学生的思想觉悟、道德水平和个人修养。

（二）智育：打造高质量专业课程

现代教育的核心是科学教育，教育内容是科学文化知识。马克思肯定

---

① 马克思，恩格斯．马克思恩格斯选集：第2卷［M］．北京：人民出版社，2012：230.

② 马克思，恩格斯．马克思恩格斯选集：第3卷［M］．北京：人民出版社，2012：471.

了科学知识的生产力作用，科学知识越丰富就越能提高生产力水平。学校教育要充分反映现代科学最新成果，要有很高的理论水平和学术水平。恩格斯在《反杜林论》中批判了资本主义课程内容的陈旧、落后，提出要重视科学研究的新成果，要教给学生数学、天文学、力学、物理学、生物学、化学、语言学等知识，要使课程与生产生活紧密联系①。列宁也强调学习科学文化知识的重要性，认为工人阶级、青年一代只有用知识来丰富自己、武装自己，才能成为共产主义者②。社会主义建设需要青年学生掌握最新的科学成就，以推动工农业生产的发展。

马克思主义经典作家关于科学文化知识的阐释，对高质量课程思政建设给予了很多启示。课程是人才培养的核心要素，是检验立德树人成效的关键指标，高校开展课程思政建设，不是单纯地在课程教学中融入思想政治元素以提升学生的思想政治觉悟。高质量课程思政建设，其成效必须指向人才培养质量，指向人的全面发展。因此，要牢牢抓住新时代本科教育人才培养的根本，破除短期功利主义倾向，完善学生专业知识结构，提升学生专业核心技能，引导学生养成独立思考和积极探索的习惯。不能为了追求思政特点，体现思政特色，而忽视本科教育的根本，高质量课程思政首先应是高质量课程。要严格依据专业人才培养目标，深度挖掘课程内容，将本学科领域最新研究成果、国家科技发明创造等内容融入课程教学，学生通过学习科学文化知识涵养价值精神，在新技术、新发明、新创造的专业知识教育中激发学生的荣誉感、责任感和使命感，是高质量课程思政内容建设的关键。

（三）体育：强化健康责任与体育精神

体质的发展是人的全面发展的生理基础，马克思深刻批判了资本主义制度下分工造成工人片面发展的情况。在资本主义劳动分工下，工人从事大量体力劳动，由于劳动操作的单一性，身体健康受到影响，严重者导致身体的畸形和病变。马克思认为，一个全面发展的人既能从事体力劳动，又能从事脑力劳动，是智力和体力全面发展的人③。如何发展人的体力，

① 马克思，恩格斯．马克思恩格斯选集：第3卷［M］．北京：人民出版社，2012：463-468.

② 列宁．列宁选集：第4卷［M］．北京：人民出版社，1995：284.

③ 马克思，恩格斯．马克思恩格斯文集：第5卷［M］．北京：人民出版社，2009：557.

马克思、恩格斯都强调体育和军事训练有利于增强青年的体质和军事素养，军事训练的重心应在青年身上，主张把学校体育与军事训练结合起来，这对于迎接即将来临的革命斗争具有重要意义①。

马克思主义体育观强调体育既是发展人的身体的活动，又是发展人的社会性的活动，给高校体育课教学改革带来了启示。大学体育课程是学生全面发展体力，增强体质，掌握健身知识和体育运动技能的课程。体育课建设应以学生为中心，充分尊重学生身体和心理特点，不仅传授体育知识、加强体育训练，还要引导学生建立健康第一的观念。健康体魄是学生健康成长、幸福生活、为国家和人民服务的前提，也是中华民族旺盛生命力的体现。因此，在体育课堂要注重增强体质、强健体魄、健全人格，培养学生自信自强的品质和强国有我的信念；体育训练和竞赛要注重团结协作、尊重规则、顽强拼搏的体育精神和爱国主义教育，培养学生提升身体素质，报效祖国的责任感。

（四）美育：用好优秀传统文化资源与红色资源

美学和美育理论是马克思唯物史观的组成部分，马克思的美学和美育理论揭露了资本主义劳动异化造成人的是非不分、美丑颠倒、异化和畸形发展。马克思强调对审美主体的教育和审美能力的培养，一个人的艺术修养不同于道德修养，在训练内容和方法上有其特殊性②。因此，要进行专门的审美教育。要利用美影响人，提高分辨善恶、美丑的能力。对于审美对象，马克思和恩格斯强调了文艺作品的思想政治方向和社会教育的作用，反对脱离时代洪流的、毫无生机的作品，主张作品要反映底层人民生活，特别是反映无产阶级和人民争取社会主义社会的斗争生活。

美育是培养正确审美观，培养高尚情操和文明素质的教育，高校课程思政建设要教育学生阅读经典、鉴赏优秀作品。优秀文学艺术作品蕴含着丰富哲理，闪烁着人性光辉，善于借助优秀文学艺术作品影响学生，尤其要用好优秀传统文化资源和红色资源，引导学生理解中华优秀传统文化的深刻内涵和思想精华，增强学生民族自信心和爱国之情。在文学、艺术作

---

① 马克思，恩格斯．马克思恩格斯文集：第 5 卷［M］．北京：人民出版社，2009：555.

② 马克思，恩格斯．马克思恩格斯选集：第 1 卷［M］．北京：人民出版社，2012：130-132.

品的创作中，引导学生立足时代、扎根人民、深入生活，创作出反映时代精神、民族精神的作品，帮助学生树立正确的艺术观和创作观。大学美育课堂是价值观教育的显性平台，要深入挖掘美育课堂育人效果，坚持以美育人、以美化人，培养学生感知、鉴赏、追求和创造美的能力，提升学生的人文素养。

（五）劳动教育：构建校内外合力育人机制

教育与生产劳动相结合是现代教育的基本特征，也是现代社会发展和教育自身发展的必然趋势。马克思在对大工业生产下的教育进行深入考察后发现，未来教育的最基本特征就是教育与生产劳动的结合①。未来随着大工业的发展，工人不能只具备单一的劳动技能，要尽可能地掌握多种生产技术，以适应未来工业发展的需要。因此，为了使工人成为专门的劳动力，就要进行一定的教育和训练，只有这样才能为现代工业培养满足其生产需求的劳动者，提高劳动效率和社会生产力。列宁发展了马克思劳动教育的观点，在《青年团的任务》中，列宁对如何培养青年学生做了深入论述，认为青年学生不能把自己关在学校，要把学习、训练同工农劳动结合起来，只有在劳动中才能同工农打成一片，才能成为真正的共产主义者。他要求对未满16岁的儿童施行免费的综合技术教育，把教学工作和儿童的社会生产劳动密切结合在一起②。

马克思主义劳动教育思想产生时间虽然久远，但对资本主义劳动异化造成人的片面发展的批判在当代仍然闪耀着真理光芒。马克思主义劳动观蕴含着丰富的实践思想，对当前高校实践教学、第二课堂建设具有切实的指导作用。新时代高校思想政治教育在努力突破思想政治理论课为单一价值观教育载体的局限，全力构建思政课、课程思政、日常思想政治工作相互配合、合力育人的“大思政”格局。

构建“大思政”格局下的合力育人体系要与社会现实紧密联系，要加强校内外的协同合作，健全学校、社会、家庭全方位协同育人机制，把学校小课堂与社会大课堂结合起来，加强教育资源的整合与共享。“大思政”

---

① 马克思，恩格斯．马克思恩格斯选集：第3卷［M］．北京：人民出版社，2012：377.

② 列宁．列宁选集：第4卷［M］．北京：人民出版社，1995：295.

格局下的课程思政建设，要将课程教学与社会实践紧密结合，将课堂设在生产劳动和社会实践一线，带领学生走出校园，走进社会，让学生近距离观察社会、认识时代。通过实践教育引导学生熟悉社会生产基本流程，掌握生产技术和方法，提高分析问题、解决问题的能力，理解并自觉践行劳动精神。新时代劳动精神具有丰富的时代内涵，在劳模精神、工匠精神中得到生动诠释，在社会实践中教育学生向劳模学习，感受劳动者辛勤劳动、甘于奉献的劳动精神，养成良好的劳动习惯。此外，拓展社会大课堂的育人形式，引导学生参与地方经济建设，让学生直观感受国家发展、社会进步，增强学生的民族自豪感和社会责任感。

第二节　十八大以来习近平关于教育的重要论述是课程思政的理论遵循

人的全面发展是马克思主义的最高价值追求和崇高理想，追求人的全面发展是中国共产党一以贯之的理想目标。党的十八大以来，党中央对培养德智体美劳全面发展的建设者和接班人的问题非常重视，提出了一系列新理念、新思想、新观点，形成了习近平关于教育的重要论述。习近平关于教育的重要论述是习近平新时代中国特色社会主义思想的重要组成部分，是马克思主义基本原理同中国教育实践相结合的最新成果，为中国特色社会主义教育事业指明了前进方向，为课程思政建设提供了理论遵循和行动指南。

一、习近平关于教育重要论述的科学内涵

习近平关于教育的重要论述是在中国特色社会主义进入新时代，党中央准确把握世界教育发展格局，全面总结中国教育发展历史经验，着力破解现实问题的背景下形成的。习近平关于教育的重要论述紧紧围绕培养什么人、怎样培养人、为谁培养人的根本问题，牢牢把握立德树人根本任务，提出了以“九个坚持”为核心的新时代教育改革主张。

（一）坚持党对教育事业的全面领导

中国特色社会主义最本质的特征和最大优势在于中国共产党领导，坚

持党对教育事业的全面领导是新时代中国特色社会主义教育事业最为鲜明的特征，也是做好教育工作的根本保证。只有坚持党对教育工作的全面领导，才能解决好教育改革发展“举什么旗、走什么路、育什么人”的问题。坚持党对教育事业的全面领导，就要坚持以习近平新时代中国特色社会主义思想为指导，谋划中国教育改革发展，将党的领导贯穿教育教学全过程、各方面，不断深化教育改革创新，将党的教育方针、政策贯彻落实到位。

（二）坚持把立德树人作为根本任务

立德树人是中国传统文化中一以贯之的价值取向，是各级各类教育的核心目标，关系党的事业后继有人，关系国家前途命运。将立德树人作为新时代教育的根本任务，既是对中华优秀传统文化的传承和弘扬，也是实施素质教育、办人民满意教育的根本目的和要求。新时代立德树人要始终坚持以人为本、德育为先，将培育和践行社会主义核心价值观贯穿教育教学全过程、各环节；必须把立德树人成效作为检验学校一切工作的根本标准，努力培养担当民族复兴大任的时代新人。

（三）坚持优先发展教育事业

教育是国之大计、党之大计。优先发展教育就是将教育摆在优先发展的战略地位。优先发展教育是我们党的一贯方针，是促进教育公平、改善民生的需要，也是中华民族伟大复兴的必然要求。要坚持把优先发展教育事业作为推动党和国家各项事业发展的重要先手棋，突出教育的基础性、先导性、全局性地位和作用。优先发展教育要通过制度、体制、机制的保障实现教育优先长远的发展。

（四）坚持社会主义办学方向

坚持社会主义办学方向是中国教育事业改革发展必须遵循的根本原则。我国是中国共产党领导的社会主义国家，我们办的教育是社会主义教育。坚持社会主义办学方向，要把坚持马克思主义理论指导地位以及社会主义意识形态作为中国教育事业最鲜亮的底色，贯彻落实好习近平新时代中国特色社会主义思想。坚持社会主义办学方向，要把“四个服务”作为根本要求，坚持教育为人民服务，为中国共产党治国理政服务，为巩固和发展中国特色社会主义制度服务，为改革开放和社会主义现代化建设服务。

（五）坚持扎根中国大地办教育

扎根中国大地办教育是新时代中国教育事业改革发展必须坚持的基本原则，也是办好中国人民满意教育的基本路径。中国教育必须按中国的特点和中国的实际办，立足中国历史、文化和国情，一切从中国实际出发，走自己的教育现代化之路。扎根中国大地办教育，不仅要扎根中国，还要融通中外，要在交流互鉴中实现兼容并蓄，发展具有中国特色、世界水平的现代教育。

（六）坚持以人民为中心发展教育

以人民为中心的教育是由中国教育事业的人民性决定的，教育发展为了人民，教育发展依靠人民，教育发展成果由人民共享。坚持以人民为中心的教育，体现了人民主体思想在教育领域的发展与创新。以人民为中心的教育要不断促进教育事业发展成果更多更公平惠及全体人民，让广大人民群众享有公平教育的机会，通过教育公平促进社会公平。

（七）坚持深化教育改革创新

教育改革创新是中国特色社会主义教育事业健康发展的根本动力。深化教育改革创新，必须注重教育改革的系统性、整体性和协同性，深化教育改革创新的总体布局和重要领域，及时研究解决教育改革发展的重大问题和人民群众关心的热点问题，以改革激活力、增动力，持续推进教育领域治理能力和治理水平的现代化。

（八）坚持把服务中华民族伟大复兴作为教育的重要使命

服务中华民族伟大复兴是中国教育事业必须担负的时代使命。实现中华民族伟大复兴，归根结底靠人才、靠教育。要深刻认识到教育在经济发展中的重要作用，特别是在发展创新中的作用；认识到培养造就大批德才兼备的高素质人才是国家和民族长远发展大计。要立足中国国情，遵循教育规律，坚持改革创新，不断提升教育事业服务经济社会发展战略全局的能力，为中华民族伟大复兴提供坚实的人才支撑。

（九）坚持把教师队伍建设作为基础工作

办好人民满意的教育离不开高素质、专业化的教师队伍，教师是立教之本、兴教之源。必须从战略高度认识加强教师队伍建设的重大意义，把师德师风作为评价教师队伍素质的第一标准，引导教师做有理想信念、有道德情操、有扎实学识、有仁爱之心的“四有”教师，建设一支高素质、专业化的教师队伍。

二、习近平关于教育的重要论述明确了课程思政核心要义

习近平关于教育的重要论述是我们在新形势下做好教育工作的行动指南。高校以课程思政为切入点落实立德树人根本任务，破解高校思想政治教育“孤岛”困境。习近平关于教育的重要论述为我们准确理解和实施课程思政建设提供了理论指导。

（一）课程思政是新时代高等教育育人理念的创新

一直以来，高校思想政治理论课被认为是思想政治教育的主要载体，思政课堂被视作育人的主渠道。随着互联网时代的到来，大学生对互联网的使用越来越多，互联网平台充斥着模糊大学生价值取向，干扰大学生价值判断，影响大学生正确价值观养成的信息。单纯依赖思政课堂育人渠道已无法满足新时代思想政治教育发展的要求。习近平强调，要“把思想政治工作贯穿教育教学全过程，实现全程育人、全方位育人”①。因此，高等教育改革要在传统思想政治理论课的基础上，推动思想政治教育融入其他各类课程，发挥各类课程的思政教育功能。将育人主渠道延伸扩展到所有课堂，切实解决专业课和思政课合力育人的问题。课程思政概念的提出，改变了高校传统思想政治工作模式，在课程思政理念下构建的思政课与课程思政协同育人格局是新时代高校育人理念的创新。

（二）课程思政是新时代高校管理制度的创新

课程思政是中国特色高等教育制度的重要组成部分。习近平强调，“要把立德树人内化到大学建设和管理各领域、各方面、各环节，做到以树人为核心，以立德为根本”②。立德树人是高校的核心任务和目标方向，要将其融入高校人才培养、发展建设所涉及的学科体系、教学体系、教材体系、管理体系中，学校所有工作都要围绕这个目标。从教学管理制度层

① 习近平在全国高校思想政治工作会议上强调 把思想政治工作贯穿教育教学全过程 开创我国高等教育事业发展新局面［N］. 人民日报，2016-12-09（1）.

② 习近平．在北京大学师生座谈会上的讲话［N］. 人民日报，2018-05-03（2）.

面看，课程思政完善了人才培养相关制度机制，把课程思政、专业思政相互贯通，推进思想政治工作体系贯通人才培养体系的制度设计。此外，课程思政激发了教师加强师德修养的内生动力，激励教师加强政治修养，提升育人能力，推进高校教师考核评价、岗位聘用、选拔培训等管理机制的完善。可见，课程思政促进了高校教学管理、师资管理等系列管理体制机制的健全和完善。

（三）课程思政是新时代高校课堂教学改革的创新

课程思政是新时代对“课程”内蕴的价值理性赋予新含义的再生概念。从本质看，课程思政还是基于课程进行的设计和开发，指向的还是课程，是把立德树人内化到课程教学中，在课程中探索、挖掘与知识内容和教学方式联系紧密，对学生正确价值观养成至关重要的元素，并将这些元素潜移默化地融入课堂教学与实践活动中。概括说，课程思政是寓价值观引导于知识传授和能力培养之中的教学内容和方法的改革，要求教师在知识传授过程中，能够挖掘出课程本身所蕴含的思想政治教育元素，并有机融入教学活动之中。教师在教学过程中要根据课程目标和要求对教学内容、手段和方法进行再设计，创新课堂教学模式，引导学生深入思考，激发学生学习兴趣，提高学生的获得感。可见，课程思政建设推动了高校课堂教学改革和创新。

三、习近平关于教育的重要论述明确了课程思政的建设方向

把立德树人作为教育的根本任务，体现了党对“如何培养人”的教育本质的新认识。高校需要重新审视思想政治工作的方法和路径，学校、职能部门、院系、教师都应承担育人责任，要构建课程思政关键主体协同推进的课程思政建设体系，不断提升高校立德树人的成效。

（一）健全课程思政体制机制

课程思政建设是一项系统工程，是落实立德树人根本任务的重要抓手。高校要高度重视，做好顶层设计，加强统筹规划，制定课程思政建设的“任务书”和“路线图”。健全课程思政内容体系、教学体系和工作体系，从制度层面为学校落实立德树人根本任务提供保障。

1. 丰富完善课程思政内容体系

课程思政建设要紧紧围绕坚定学生理想信念，以爱党、爱国、爱社会主义、爱人民、爱集体为主线，围绕政治认同、家国情怀、文化素养、宪法法治意识、道德修养等优化课程思政内容供给。要深入挖掘各类课程和教学方式中蕴含的思想政治教育资源，把习近平新时代中国特色社会主义思想、社会主义核心价值观、中华优秀传统文化、宪法法治教育、职业理想和职业道德等内容，融入各类课程和教育教学全过程、各方面，完善课程思政内容体系。

2. 科学设计课程思政教学体系

课程思政教学体系是思想政治教育元素融入公共基础课与专业教育课、理论课与实践课、校内教学与校外实践活动中所形成的课程结构体系。高校课程思政建设要依据学校发展定位和人才培养目标，设计全面覆盖、类型丰富、层次递进的课程思政教学体系。

3. 全面构建课程思政工作体系

课程思政工作体系是课程思政建设过程中相关主体的目标任务、建设标准、建设内容、评价监督、实施保障等要素的有机整合，是课程思政建设的参考框架和实践依据。高等学校深化课程思政建设，要从学校党委、二级党组织、教师党支部三个课程思政实施主体入手，建构目标明确、标准健全、内容完善、运行科学、保障有力和成效显著的课程思政工作体系。

（二）将课程思政融入人才培养全过程

高校人才培养是育人和育才相统一的过程，课程思政建设要紧紧围绕国家发展需要、学校人才培养定位和专业培养目标，从教学大纲修订、教材编审选用、教案课件编写及课堂教学设计等方面融入课程思政教育理念；把课堂教学作为育人的主渠道，深入挖掘课程体系、教学内容和教学方法中蕴含的思政教育资源，提高课程思政内涵融入课堂教学的水平。此外，将学校小课堂和社会大课堂结合起来，引导学生走出校园、走进社会，积极投身校外实习实践、志愿服务和调研参观等，在火热的社会实践中施展才华，增长见识，塑造品格。

（三）提升教师课程思政建设能力

教师是教育发展的第一资源，习近平非常重视教师队伍建设问题，多次强调教师在课堂教学中应该把“传道”之“道”蕴含在“授业”“解惑”的过程中，以自身的理解诠释和传播先进思想文化和优秀传统文化，要用社会主义核心价值观教育学生，引导学生扣好人生的“第一粒扣子”。教师是课程思政建设的主力军，开展课程思政建设要紧紧抓住教师这个关键环节，让所有教师都做好育人工作，担负起育人责任。

1. 提高教师的政治素养

教师是课程思政建设的关键所在，教师的政治理论素养和教学能力决定着课程思政的建设质量和效果。因此，教师要坚持“教育者先受教育”，努力提升思想政治理论素养。要信仰坚定，对所讲内容高度认同，做马克思主义的忠诚信奉者和坚定实践者，只有教师认同和坚定，才能教育引导学生真学、真懂、真信、真用。

2. 加强教师的师德修养

师德师风是评价教师素质的第一标准。教师良好的师德修养会体现到对所从事职业的忠诚和热爱上，进而潜移默化地影响学生。教育不仅发生在课堂上，也发生在师生交流互动的每个环节。高校在紧紧抓住课堂教学主渠道的同时，也要善于利用师德师风等隐性育人方式感染、熏陶和影响学生，以达到润物无声的育人效果。

3. 培养教师的教育智慧

课程思政教学设计没有统一要求，教师有自主性和独特性。教师要根据学科知识特点和教书育人规律进行设计，将做人做事的基本道理、社会主义核心价值观的要求、实现民族复兴的理想与责任等育人元素，巧妙地融入课堂教学和实践活动中，做到“课程有设计，思政无痕迹”。

第三节　课程设计论是课程思政教学设计的方法依据

课程思政本质上指向的是课程，因此，从课程论视角探讨课程思政教学设计，对深入开展课程思政建设具有方法论的指导意义。课程论视角下课程设计可以理解为两方面的问题：一是课程价值问题，即什么知识是最有价值的，学校应教给学生什么；二是课程设计问题，即如何教、怎么教的问题。

一、课程价值是课程思政教学设计的理论基础

课程价值是课程设计的理论基础，不同价值取向的教育观、课程观会形成不同的课程设计。如学科取向的课程观，强调按照学科知识的内在逻辑进行课程设计，按照一定的分类形式进行课程编制，重视对学生知识体系的建构和心智训练；社会取向的课程观，主张根据社会现状寻找课程目标，社会现实发展需要是课程改革的依据，将社会现实问题作为课程设计的核心；学生取向的课程观则强调以学生的兴趣、需要和能力作为课程设计的核心，让课程适应学生而非学生适应课程。

学科、社会和学生是课程设计的来源及其制约因素，三种取向的课程设计反映了课程的不同属性——文化属性、社会属性和人本属性，属性之间是相互联系、相互作用、辩证统一的关系。课程设计应立足于学科结构和学科知识，以学科知识作为课程内容选择的主要来源，在选择和组织课程内容时赋予知识一定的价值取向和使命任务，从而使知识具有教育性的特点。学生和社会则赋予知识一定的目的价值属性，学生对知识掌握程度和范围受其身心发展和价值取向、社会意识形态、经济发展等因素的制约。知识的传承不仅要指向社会的稳定与进步，还要促进学生的全面发展。因此，基于学科、社会和学生进行的课程设计，才能产生均衡的课程。

课程不是万古不变的，是随着时代和社会的发展而不断进行变革和改造的，任何一门课程都是时代所追求的“国民素养”的最集中、最具体的反映。在新时代背景下，高校课程也在寻求自身的变革，以期更好地适应学科、社会、学生的发展变化和内在需要。课程思政就是新时代背景下的教学改革，课程思政设计要将学科、社会和学生等要素统一起来进行考虑和组织，不能单纯从社会需要和国家需要的角度选择教学内容，也不能仅从学科知识的角度设计和呈现课程思政，要根据不同学科专业的特点，将社会需要和学生发展特点统合起来进行课程思政教学设计，深入研究不同专业的育人目标，把满足并促进学生身心全面发展的要求作为课程内容选择和教学方法选用的根本依据。深度挖掘和提炼专业知识体系中蕴含的思想价

值和精神内涵，研制出具有高度平衡性与关联性的课程思政知识体系。

二、课程设计论是课程思政教学设计的方法指导

三种价值取向的课程观都有其合理因素和重要价值，课程设计要兼顾三种课程价值取向，对课程各要素的目标、内容、活动和评价做出合理恰当的安排。

（一）突出人才培养的情感目标和价值目标

课程目标是学生通过课程的学习所要完成的任务和达到的预期结果，包括知识目标、能力目标和情感价值目标。长期以来，高校在进行课程设计时，更多基于学科取向进行课程目标的设计，通过构建一套基于学科需要、符合学科标准、体现学科特点的课程内容体系培养高层次人才。在这个过程中，过多强调专业知识对人才培养的重要性，而淡化了人才培养的全面性。课程思政则是要解决课程目标与人才培养目标之间未能有效衔接的问题，实现课程本身育人功能的最大化。课程思政理念下课程目标的设计不仅要关注学生学到什么，具有什么能力，还要关注学生通过课程学习是否具有强烈的求知欲，能否对所学的知识和认知方式做批判性反思，对未来工作生活充满信心，努力成为国家富强、社会进步的有用人才。课程思政理念下的课程目标设计不仅强调知识目标和能力目标，更要彰显课程的情感目标、价值目标。强调情感目标、价值目标，并不是对原有知识目标、能力目标重要性的替代与弱化，而是对知识目标、能力目标要求的提升，要从知识传授、能力培养中挖掘价值的目标要求。既要着眼于国家发展战略和经济社会发展的需要，又要从职业发展所需要的人应具备的素养出发确定情感目标、价值目标。

（二）选择具有专业特色的思政元素

任何一门课程都有教人求真、向善、崇德的价值塑造功能。一直以来，高校课程设计更多关注的是学科知识，课程本身所蕴含的价值功能往往被忽略。课程思政就是专业知识与真善美教育结合的集中体现，在课程思政教学设计时，要将课程本身内蕴的情感、态度和价值功能发挥出来，构建育人为本、科学合理的课程内容体系。

思政元素是课程思政教学内容选择的关键，因此，思政元素的挖掘要

紧密结合学科专业特点，体现学科和专业的差异性。课程思政目标不同，思政元素也有所差异，不是所有课程都培养学生“大国工匠精神”，不是所有课程都能挖掘出“中华传统文化仁爱、诚信”的思想精华。思政元素可以基于课程所涉及的专业、职业和行业探究，也可以从国家、历史及文化的角度挖掘；可以是具体的学科知识点、知识点在实践中的应用，也可以是知识点关联的人物、事件及影响，还可以是知识呈现的方法手段等。总之，课程思政要根据不同学科专业的特色和优势，从课程所涉及的专业、行业、国家、国际、文化、历史等角度，增加课程的知识性、教育性和人文性。在课程内容选择时注意促进思想道德修养、人文素养、科学精神、宪法法治意识、国家安全意识等元素与学科专业知识的有机结合。

（三）构建多要素协同育人的教学实践体系

课程实施是将课程目标付诸实践和落到实处的过程，课程思政的实施要依据课程目标的要求，不能脱离课程目标进行“任意发挥”。在实施过程中，高校要从教学方法、教学手段及教学资源等方面入手，探索构建多要素协同育人的教学实践体系。

1. 教学方法

课程思政既是新时代高等教育新理念，也是高校教学方法的改革，具有较强的实践性和艺术性。课程思政教学实践应选择恰当的、多元的教学方法，助力课程育人功能的发挥，可采用问题教学法、对比分析法、任务驱动法、情景模拟法、案例分析法、小组讨论法等，培养学生分析问题和解决问题的能力，探索未知和追求真理的责任感、使命感和家国情怀。恰当教学方法的选择可以将思政教育有机融入专业知识教学中，实现对学生情感的激发和价值的引领，达到良好的课程育人效果。

2. 教学手段

随着现代信息技术在教育领域的推广和普及，多媒体化、网络化及智能化的信息技术给课堂教学改革带来生机，可以辅助课程思政教学设计的落地实施。例如，教师可以利用音视频、3D 技术、虚拟仿真、人工智能等技术手段，将充满思想性、教育性的学习材料生动再现给学生，创新课堂教学形式，推进现代信息技术在课程思政教学中的应用。可以开展线上线下相结合的混合式教学，发挥多媒体技术在价值引导、情感传递和道德示范方面的作用。

3. 教学资源

当代大学生是在互联网环境下成长起来的一代，依托互联网平台学习课程成为一种趋势。因此，高校要扩大课程思政建设范围，将思想政治教育融入网络课程的开发建设中，融入在线授课、学习资源及课后作业等教学环节，鼓励学生选修优秀的、一流的网络课程，实现课程思政优质资源的共享。

（四）开展多维的教学效果评价

课程评价是课程计划和课程实施的指挥棒，在整个课程管理中具有导向性、引领性作用。课程评价的质量鉴定、信息反馈及激励强化等功能，对于改进教学效果发挥着重要的作用。课程思政教学评价就是建立以立德树人成效为导向的课程评价体系，确保课程思政计划有效实施。从课程论角度看，课程思政评价既包括对教师的评价，也包括对学生的评价。

1. 对教师的评价

对教师进行评价主要是对教师教育教学活动与科学研究工作的评价。从推进课程思政建设的角度看，重点在于评价教师是否依据教育教学规律、学生心理发展规律和思想政治教育规律进行课程建设；是否以立德树人为导向，并将立德树人理念贯穿课程建设始终。评价范围包括：教学文件、课程设计、课堂教学、学生学习效果等。评价方法可以采用教师自评、专家评价和学生评价相结合的方法。

2. 对学生的评价

对学生进行评价主要评价在理论和实践教学中，学生学习的态度、情感、价值的成长和发展情况。不同专业、不同课程的培养目标、教学目标不同，素质要求也不同，有些课程在于培养学生的理想信念、爱国情怀，有些课程则强调职业素养、道德品质的培育。宏观上看评价内容较多，主要包括：理想信念、遵纪守法、敬业精神、道德修养、专业兴趣、尊师爱校、学术诚信、团结友善等。评价学生的方法可以采用教师观察、个别谈话、问卷调查、书面反馈及作业考查等，多形式、多方法全面了解学生思想、情感和价值的发展情况。由于对学生情感、态度和价值观的评价难以量化，对其准确评价相对困难，这也是课程思政教学改革的难点。

第三章
课程思政实践误区

第一节　课程思政实践偏差

2016年全国高校思政工作会召开以来，以课程思政为主题的教育教学改革如火如荼，高校围绕课程思政的实现路径、开发设计、教学方法与资源建设等进行了广泛探讨和实践创新，取得了宝贵的成果和有借鉴意义的经验，但也存在实践误区和偏差。这些误区导致课程思政改革偏离了应有轨道，影响课程育人目标的达成。

一、避开专业谈思政

课程是专业的重要组成部分，是专业人才培养的基本单位。课程建设要以专业建设为依托，避开专业进行课程思政建设，忽视课程与专业、课程思政与专业思政、课程思政与人才培养的内在关系，就会出现“两张皮”“硬融入”的问题。课程思政教学实践中避开专业谈思政的问题，主要体现在课程思政目标不聚焦，未体现专业特点，挖掘的思政元素大而泛等。

（一）课程思政目标未体现专业特点

课程思政教学实践中有些课程在设计思政教育元素融入时，将思政目标作为一个独立要素进行考虑，没有依据专业目标、课程目标制定课程思政目标。例如，数字媒体艺术专业的“影视剪辑”课程制定了三个思政目标：一是通过观看视频，培养学生爱党爱国的家国情怀，激发学生身为一个中国人的自豪感和责任感；二是通过课程学习，树立学生爱党爱国的信念，通过剪辑的视频作品激发学生的家国情怀；三是通过课程学习，培养学生作为一个平凡的普通人，要怎样坚持梦想，实现个人价值。从该课程的思政目标设计看，未充分体现学科专业特色。“影视剪辑”课程在影视摄影与制作、数字媒体艺术、电影制作、新媒体技术等专业中都有设置，在不同学科专业下，该课程的思政目标应有所不同。但从上述课程思政目标的表述看，难以判断课程所属的学科专业。归属其中任何专业似乎都可以，略微改动甚至可以作为任何专业、任何课程的思政目标，没有充分体现专业人才培养的差异性及人才培养的特色。

（二）思政元素大而泛

思政元素的挖掘要基于一定的载体，这个载体就是所在学科和专业。有些高校教师在挖掘思政元素时存在大而泛、门槛低的现象，没有依据课程所归属或服务的学科和专业，没有结合学生未来所从事的职业特点和要求进行挖掘。例如，“短视频营销”课程“撰写短视频营销策划方案”章节中的“认识商品”教学环节，主讲教师挖掘出 4 个思政元素，即政治认同、时代担当、文化自信、品牌意识。仅从 4 个思政元素无法判断这是“短视频营销”课程，可以是管理类某门课程蕴含的思政元素，也可以是经济类某门课程蕴含的思政元素，没有突出专业课程的特点。此外，该课程所挖掘的思政元素内涵过大、宽泛、不具体。“时代担当”是履职尽责、敢担风险，还是坚持真理、砥砺奋斗，没有具体的说明和交代。

二、隐性教育显性化

显性教育和隐性教育是高校思想政治教育的两种形态，显性教育主要指思想政治理论课、思想政治类专题报告讲座、思想政治实践活动等，进行思想政治道德规范的灌输、政策的宣讲类的教育活动。显性教育具有明确的教育目标和计划。与显性教育相对应的是隐性教育，隐性教育是引导学生在学校环境中，直接体验和潜移默化地获取有益于个人身心健康和个性全面发展的教育性经验的活动方式和过程。显性教育是以公开的、直接的、灌输的形式向学生传授教育内容；隐性教育是以潜在的、隐藏的形式对学生施以影响，学生自我感知、感悟教育目标和教育内容，教育影响是在不知不觉中形成的。在思想政治教育过程中，隐性教育通过潜在方式将思想教育渗透到教学内容中，潜移默化地影响学生，达到润物无声的育人效果。

在课程思政教育理念下，高校思想政治教育中的显性教育主要是指思政课，隐性教育主要指课程思政。课程思政教学实践中的隐性教育显性化的主要问题表现为两种形式。

（一）生搬硬套+思政元素

在课程思政教学改革初期，有些教师狭隘地理解课程思政内涵，不知如何开展课程思政建设，把课程思政等同于专业课中讲授思想政治理论课内容，认为只要在课堂上讲授了马克思列宁主义、毛泽东思想、习近平新时代中国特色社会主义思想、社会主义核心价值观等相关内容就是进行课程思政。不是从专业知识本身挖掘思政元素并有机融入专业知识讲授中，而是将思政教育资源简单拼凑叠加、生搬硬套，为了思政而思政，没有找到专业课程和思政教育的有效接口。从知识的逻辑性、学生学习的规律性看，这种形式的设计非常勉强和刻意，导致专业课程与思政教育“两张皮”的现象。

（二）课堂教学中思政痕迹明显

专业教学中思政元素大多来源于课程、专业知识，但在具体的课堂讲授过程中，有些思政融入点的设计不够自然和巧妙。从知识内容的完整性、系统性的角度看，不加入思政元素的设计，教学过程会更流畅，课堂教学效果会更好。从这个角度看，课程思政教学设计并不理想，没有达到“课程有设计、思政无痕迹”的课程思政建设要求。

三、重视课程渗透忽视过程影响

毋庸置疑，高校课程思政建设的重点在课程，从近年高校教师发表的课程思政相关论文的主题可以看出，围绕具体学科、专业进行课程思政建设的文章占比最多。多数教师基于所在学科专业、所讲授课程开展课程思政研究和教学改革。这些研究从人才培养方案的制定，课程思政教学设计、实施路径、资源建设及教学评价多个方面，阐释思想政治教育融入专业课程的具体做法。有些研究聚焦课程挖掘与教学内容紧密相关的思政元素和育人资源；有些研究从国家时政要点、社会时事热点等内容中精选与专业知识相关的育人素材；有些研究基于挖掘的思政元素精心设计课堂教学过程，找准课程思政切入点；有些研究则创新课程思政教学评价方法，探索对教师的课程思政教学评价和对学生的课程思政育人成效的评价。

从广大教师课程思政教学设计案例和改革成果中可以看出，在思政元素如何挖、课堂教学如何融、课程思政如何评等方面进行了深入研究和思考，也评选出了校级、市级、省级、国家级的优秀课程思政教学案例、课程思政示范课程。无论是获奖的教学成果，还是未获奖的教学案例，几乎所有教师都将课程思政建设重点放在课程上，可谓是做足功课、下足功夫。对于如何发挥课堂氛围、课后辅导、师德影响等隐性课程的影响作用教育引导学生，这样的讨论和成果并不多。“大课程”理念下的课程思政不仅是一门门具体课程中融入思想政治教育，还要将思政教育渗透到师生互动、课堂管理、课堂学习氛围营造、课后辅导答疑等隐性的育人过程中，而对这种潜移默化的隐性育人的讨论并未给予足够的重视和研究。这是今后课程思政教学改革有待深入探讨和研究的课题。

四、课程思政工作评价代替课程思政教学评价

课程思政建设成效如何需要相应的考核评价，课程思政评价是课程思政建设的指挥棒，也是检验课程思政建设质量的关键。课程思政评价包括学校、教师、学生三个层面的评估和检查。其中，对学校的评价即课程思政工作评价，主要评价学校在课程思政建设过程中，组织领导、队伍建设、组织实施、质量评价、激励保障的状况，以此全面检查学校课程思政建设质量和效果；对教师的评价即对教师课程思政教学质量和效果的评价，主要评价教师课程思政教学设计、教学实施、学生评教的情况；对学生的评价主要对体现在学生身上的育人效果的评价。在三个层面的评价中，对教师和学生的评价统称为课程思政教学评价。

课程思政教学评价一直是课程思政教学改革的难点，如何开展课程思政教学评价，有人提出以课程思政工作评价代替课程思政教学评价，即从学校宏观层面评价课程思政建设质量，从学校顶层设计、体制机制、组织保障等方面评价课程思政建设成效。也有人提出对课程思政暂不进行评价，原因在于课程思政教学评价重点是课程育人效果的评价，是对学生情感、态度、价值观等方面达到何等水平的评估，对学生素质考评不同于知识和能力的考评，难以通过观察、作业、考试、测验等常规的评价方式直观考核出来，做到即时、准确的评价比较困难。因此，课程思政育人成效可以暂时不予评价。也有教师提出以评价课后作业质量、课堂讨论效果、学生出勤情况作为对学生育人成效的评价等。

以上关于课程思政评价的讨论，或者把评价重点放在课程思政的组织管理层面，或者放在学生学习成绩层面，对推动课程思政评价理论研究和实践探索有一定参考作用。在课程思政教学实践中，这三个层面的评价都

非常必要，不能“越俎代庖”以工作评价代替教学评价，也不能以学生考试成绩代替课程思政育人效果。教学是教师教和学生学的双边活动，对教学的评价也应着眼于教师和学生两个主体。课程思政教学评价不仅要评价教师的教，更应评价学生的学；不仅要评价教师课程思政教学设计和实践情况，也要评价体现在学生身上的学习成果和育人成效。只有从教师、学生两个层面开展评价，才能不断完善评价工作中的短板和不足。

五、注重对教师的培训忽视工作机制的完善

2020 年，教育部《高等学校课程思政建设指导纲要》（以下简称《纲要》）颁布前，高校教师课程思政建设能力和建设效果并不理想。一是源于部分教师习惯已有的教学模式，缺乏课程思政教学改革意愿和动力，积极性不高，课程思政教学改革更多体现在教学大纲、教案、讲义等教学文件上的改革，在实际执行时大打折扣；二是源于教师自身知识储备不够，缺乏课程思政教学设计能力，如何把思想政治元素有机融入课堂、融入教育教学全过程缺少方法和策略。

《纲要》颁布以后，课程思政教学改革成为高校教师的“规定动作”，教师参与课程思政建设的动力和热情提升，广大教师围绕所讲课程积极开展教学改革和建设，并取得了一定的成效。但从近年课程思政教学改革实践看，仍存在着把课程思政建设看成是教师的事、专业的事、课程的事。学校加大对教师课程思政教学能力的培训，增加课程开发和建设方面的投入，而忽视了对课程思政组织实施、条件保障等工作机制的完善。有些高校对课程思政的建设仅停留在下达文件层面，没有专门的管理机构对课程思政的落实进行评估和监管。有些高校虽然出台了相应的制度文件，但未形成有效的落实机制，缺乏对课程思政教学改革的配套支持保障。高校课程思政体制机制不完善将直接影响课程思政建设目标的达成，影响学校人才培养质量的提升。

第二节　课程思政教学反思

课程思政实践偏差是全面、深入推进课程思政建设必须解决的问题。

课程思政建设要聚焦学科专业，紧紧围绕专业人才培养要求，把握专业思政与课程思政的一体化特征，从专业人才培养的框架下进行课程设计。深入挖掘各类课程和教学方式中蕴含的思想政治教育资源，把社会主义核心价值观、中华优秀传统文化、社会主义法治思想、职业理想和职业道德等相关思政资源融入各类课程和教育教学全过程、各方面。探索课程思政教学评价，开展集知识、能力、情感、态度、价值于一体的课程思政育人成效评价，推进课程思政建设的规范化和科学化。完善课程思政体制机制，增强教师课程思政建设的积极性、主动性和创造性，营造课程思政良好氛围，推进立德树人根本任务的有效落实。

一、专业思政与课程思政一体化设计与实施

课程思政是对所有课程发挥育人功能的总要求，指向具体课程。专业思政指向的是专业，是从学科方向、社会需要、学生未来职业发展中挖掘专业所蕴含的思政元素，并将这些元素融入专业课程体系，再落实到课程教学全过程。专业思政不仅为课程思政建设明确了育人目标，规定了建设方向，也为课程思政建设提供了具有专业属性的思政资源。

课程思政要与专业思政一体化设计与实施。首先，专业思政建设统领课程思政建设。课程是专业的核心，课程因专业需求而设置和调整，课程建设要以专业建设为依托，因此，课程思政目标要依据专业思政目标和要求进行凝练，课程思政建设要与专业思政建设保持方向和内容上的一致，不能脱离专业进行课程思政建设。其次，要把课程思政建设纳入专业思政的层面实施，专业思政为课程思政搭建了思政资源共享平台，提供了专业思政教育素材和育人资源，所有专业课程都可以参考选择。依据专业思政建设要求梳理专业课程，推进专业框架内的所有课程的教学改革。最后，思政元素挖掘与内容优化方面，要注意挖掘与专业紧密联系的思政元素，如从专业所服务的行业或职业的道德要求和行为规范中挖掘，从专业的历史发展、社会贡献、未来趋势中挖掘，所有体现专业特色的思政元素都是课程思政育人资源，选择与教学内容紧密联系的资源素材并恰当融入课程教学中。总之，必须从专业层面看待课程思政，加强教师开展课程思政的组织化管理，为教师在开展课程思政过程中更好发挥自主性奠定坚实的专

业基础。

二、聚焦课程挖掘思政元素

直接灌输的方式违背了课程思政建设初衷，也难以达到育人目的；课程思政是隐性教育，是以潜移默化的方式对学生施以影响。用好隐性教育就要深入挖掘课程中蕴含的思政教育元素和承载的思政教育功能。课程类别不同，蕴含的思政元素也有差异，例如，工科类课程蕴含“精益求精”“工匠精神”“追求真理”等思政元素；经管类课程蕴含“诚信服务”“德法兼修”“客观公正”等思政元素；医学类课程蕴含“大爱无疆”“救死扶伤”“甘于奉献”等思政元素。

这些元素在传统教书育人理念下，在课程思政教学改革前的课程教学中也都会融入。在课程思政教学理念下，不仅要继续在专业课教学中融入这些元素，还要结合课程特点、思维方法和价值理念挖掘各类课程和教学方式中蕴含的具有政治性、育人性的思政教育资源。《高等学校课程思政建设指导纲要》明确提出要“围绕政治认同、家国情怀、文化素养、宪法法治意识、道德修养等重点优化课程思政内容供给”①。因此，高校课程要结合专业思政要求、结合课程内容和特点，挖掘课程中能够培养学生“政治认同、家国情怀、文化素养、宪法法治意识、道德修养”等思想素养和良好品格的思想政治教育元素，实现思政元素专业性、思想性、教育性的有机统一。

三、课程思政融入教育教学全过程

课程思政是一种育人理念，也是一个育人过程。课程思政教学改革的重点在课程，但不能仅局限在课程上，更要关注课程思政改革对学生产生的影响。而这个影响仅靠改造课程远远不够，还需将育人理念融入课堂教学、线上教学、实习实践等所有的教学活动中。

首先，课程思政育人理念融入教学文件。将课程思政理念落实到课程

---

① 中华人民共和国教育部．高等学校课程思政建设指导纲要［EB/OL］.（2020-06-01）［2022-03-25］. http：//www. moe. gov. cn/srcsite/A08/s7056/202006/t20200603_462437. html.

目标设计、教学大纲制定、教材编写选用、教案课件编写等环节。其次，将思政元素融入第一课堂和第二课堂。鼓励教师依据教学目标和学生学习特点，创设问题情境，采用多元教学方法，将思政元素融入课前、课中、课后所有教学环节，激发学生学习兴趣，引导学生深入思考。特别是深入挖掘第二课堂的思政元素，深入开展多种形式的社会实践、志愿服务、实习实践活动，拓展课程思政建设方法和路径。再次，将思政教育资源融入网络课堂。开设具有思政特色的网络课程，将思政元素融入网络课堂教学全过程，融入在线课堂的授课、学习资源、课后作业各环节。最后，在教育教学方法上不断改革创新。设计以学生学习成效为目标，开展以学生为中心的教学方式和学业评价方式改革，加强现代信息技术在课堂教学中的应用，创新课堂教学模式，实现思想启迪和价值引领。

四、开展课程思政教学评价

教学评价实质是从影响和结果两方面对教学活动给予价值上的确认，并引导教学活动沿着预定目标方向发展。课程思政教学评价应从教师教学工作和课程育人效果两个方面进行评价标准设计。

（一）课程思政教学工作评价

课程思政教学工作评价是对教师课程思政建设质量和效果做出的价值判断。教师课程思政建设质量主要体现在教师设计教学内容，组织课堂教学，课后辅导答疑，批改作业，进行课程考核，等等，教学活动时是否遵循教学大纲、课程思政的要求进行建设。面向教师的课程思政教学质量评价，应覆盖教学的所有环节、所有要素，从谁来评价、评价什么、采用什么方法评价分析各环节中教师课程思政教学设计、实施与效果。

（二）课程思政育人效果评价

课程思政育人效果评价也是学生学习成效评价，主要评价学生通过课程的学习，其身心成长、发展和变化情况。对学生的评价一般围绕知识、能力、情感、态度和价值观等目标进行。知识与能力目标是学生学习结果的主要评价指标，通过课堂提问、课后作业、期中期末考试的形式可以实现较准确的评价。而情感、态度和价值观等目标难以量化，具有内隐性，对其评价相对困难，但这也是课程思政教学评价的重点。对学生情感、态度和价值观进行评价，主要评价学生的学习满意度、获得感，对专业的认同感以及对未来职业发展的自信心等。课程思政育人评价简单说是对课程育人效果进行检查，更重要的是通过评价帮助学生养成良好的行为习惯，提升学生个人素养，完善道德品格。

课程思政评价是课程思政建设的指挥棒，评价不仅是检验课程思政建设成效，更重要的是通过评价旨在向教师传递“以德立身、以德立学、以德施教”① 的教育理念，要以“四有”好老师标准约束自身行为。同时通过评价向学生传递理想信念、厚植爱国主义情怀、加强品德修养、增长知识见识、具有奋斗精神、增强综合素质。这是开展课程思政教学评价的重要目的。

五、全面建构课程思政工作体系

（一）建立多主体协同工作机制

课程思政工作体系是高校深化课程思政建设的保障，学校、学院、系部、教师等不同实施主体的课程思政建设内容也有所不同。建构课程思政工作体系，就要探索不同实施主体课程思政建设内容、实施路径和运行机制，设计面向不同主体的课程思政建设标准，建立党政齐抓共管，院系落实推进，职能部门配合联动的工作机制。

1. *学校层面*

要深化认识、主动实践，将课程思政视为新时代高校形成高水平人才培养体系，健全“三全育人”体制机制，健全立德树人落实机制的新要求、新任务。把课程思政作为落实立德树人根本任务的基础性和全面性工作，纳入学校党建工作内容。学校党委不断完善顶层设计，加强课程思政相关制度建设，形成有力推进举措，推动思想政治工作体系贯通人才培养体系。

2. *学院层面*

学院党委要发挥好课程思政建设重要推动者的作用，结合学院实际，

① 习近平在全国高校思想政治工作会议上强调 把思想政治工作贯穿教育教学全过程 开创我国高等教育事业发展新局面［N］. 人民日报，2016-12-09（1）.

制定课程思政建设方案，完善课程思政动员培训机制，持续推进和示范引领机制。此外，还要结合学科专业特点，加强总结凝练，形成课程思政建设特色和改革成果，通过观摩、研讨、交流的方式固化课程思政建设成果。

3. 系部层面

坚持课程思政与专业思政一体化设计与实施，制定专业思政建设方案，把课程思政理念融入专业培养目标、人才培养规格、专业课程体系、师资队伍建设、教学条件等方面，一体化推进专业思政、课程思政改革，形成具有专业特色的课程思政教学改革成果。教学系部还要充分发挥教师党支部在立德树人中的战斗堡垒作用，通过推动课程思政建设提升教师党支部在学校立德树人工作中的作用和影响，破解教师党支部自身建设的难题，让教师党支部站到育人的第一线。

4. 教师层面

教师是课程思政建设的关键，按照“教育者先受教育”的要求，开展课程思政交流培训、课程思政教学能力提升训练。主讲教师聚焦课程思政内容体系，挖掘课程蕴含的思想政治教育元素，并有机融入课堂教学。在教学活动中，认真总结课程思政教学改革经验，不断提高师德修养、执教能力和育人质量。

（二）健全保障和激励机制

有步骤推进课程思政建设要建立健全课程思政相关制度，加强课程思政条件保障，完善课程思政激励机制。

1. 制度保障

课程思政建设是落实立德树人根本任务的重要抓手，因此，必须把立德树人作为办学理念全面落实，坚持落实到位，着力在以制度建设为核心的体制机制上下功夫。对照立德树人要求完善课程思政建设相关制度，如课程思政建设方案、课程思政建设标准、课程思政教学质量监控和督导等制度，推动课程思政建设理论与实践良性互动，完善课程思政体制机制建设，形成有力推进课程思政建设的举措。

2. 条件保障

高校要组建课程思政专门机构，选树课程思政教学名师和团队，开展课程思政教学培训、课题研究，培育课程思政优秀教师，组织课程思政示范观摩活动，在交流研讨中提升广大教师课程思政建设能力。此外，统筹资源，加大课程思政的投入力度，保障课程思政教学改革有计划、有步骤地实施。

3. 激励机制

探索面向课程、教师、团队、专业、教师党支部等不同层面的课程思政激励机制，评选“课程思政优秀教学团队”“课程思政优秀教师”“课程思政示范课程”“课程思政先进党支部”，推出课程思政建设先进团体和个人，表彰优秀典型，宣传和推广优秀成果，发挥榜样示范引领作用。

第四章
课程思政教学设计

课程思政是高校课程改革的重要内容，需要所有任课教师积极参与和行动。为推进课程育人目标的达成，教师要深入钻研教材，理解课程内容，重新规划和安排教学活动。在课程思政教育理念下教师要对课程目标的制定、课程内容的选择、教学方法手段的选用，及所采取的教学评价方法等要素重新设想和计划。确切地说就是要明确课程思政教学目标，挖掘与课程内容紧密联系的思政元素，采取有助于呈现思政特色的教学手段方法，选择客观评价课程思政育人效果的方法，等等。这是课程思政教学设计要思考和解决的问题。

第一节　制定课程思政目标

教师在课程设计时必须将教育意图或课程目标具体化为学生结束课程学习任务后“可观测的行为变化的具体表现或可评价它实现程度的学习结果”①。这个“具体表现”或“学习结果”就是课程目标的要求。课程目标是学生在知识、能力、情感、态度与价值观等方面要完成的任务和达到的程度。课程目标的确定要遵循教育目的和专业人才培养目标的要求，以确保专业人才培养要求在课程中得到体现。课程思政作为一种课程观，揭示了知识、能力与价值之间的关系，对内隐于课程中的情感、态度、价值观等目标，要以满足国家政治、社会发展、人才培养的要求进行设计。

一、课程思政目标的内涵

相对于人才培养目标来说，课程目标是具体的，是学生通过一门课程的学习所要达到的要求，是专业人才培养目标的具体化。课程思政目标即课程的思想政治教育目标，主要是学生通过课程的学习，在思想观念、政治觉悟、道德品质、职业素养等方面达到目标的要求。它对课程内容、课程编排、课程评价等课程要素设计起着思想和价值的统领作用。课程思政目标的上位概念是专业思政目标，专业思政目标是一个专业对人才培养规格的思想政治素质要求，是专业课程设置、课程内容选择、人才培养质量

① 钟启泉．现代课程论［M］．上海：上海教育出版社，1989：296.

保障的依据。课程思政目标必须依据专业思政目标设计和制定，是落实专业思政目标的基础和保证。课程思政目标的制定是课程思政教学设计的起点，是思政教育内容选择及效果评价的依据。

二、制定课程思政目标的依据

课程思政目标的制定既要符合专业人才培养目标、学科专业特点的要求，又要符合国家和社会发展的需要，符合时代的特点。

（一）符合国家与社会发展需要

无论从社会赋予学校的目标及功能看，还是从教育本质与发展的客观依据看，社会都是课程的重要来源之一。社会需要是制约课程思政目标最根本的因素。当前，中国正处于新时代背景下，课程思政目标应体现时代发展特点。2018 年 5 月，习近平在北京大学师生座谈会上讲道：“古今中外，每个国家都是按照自己的政治要求来培养人的，世界一流大学都是在服务自己国家发展中成长起来的，我国社会主义教育就是要培养社会主义建设者和接班人。”“培养社会发展所需要的人，具体说就是培养社会发展、知识积累、文化传承、国家存续、制度运行所需要的人。”① 因此，课程的思政目标要紧紧围绕培养拥护中国共产党领导和社会主义制度，能肩负起中华民族伟大复兴重任的，德智体美劳全面发展的建设者和接班人的要求制定。

（二）体现学科专业特点

知识是课程的原生性来源，没有知识的课程是不存在的，知识从其表现形式看，包括承载“工具意义”的概念、规律和方法；也包括蕴含“价值意义”的科学精神、思维方法和价值理念。在制定课程思政目标时，不仅要体现知识的工具意义，还要反映价值意义。《高等学校课程思政建设指导纲要》明确规定，要根据专业特点开展课程思政建设，并指明七大类专业课程思政建设目标。如文学、历史学、哲学类专业课程“要帮助学生掌握马克思主义世界观和方法论，从历史与现实、理论与实践等维度深刻理解习近平新时代中国特色社会主义思想。引导学生深刻理解社会主义核

① 习近平．在北京大学师生座谈会上的讲话［N］．人民日报，2018-05-03（2）．

心价值观，自觉弘扬中华优秀传统文化、革命文化、社会主义先进文化”。经济学、管理学、法学类专业课程“要帮助学生了解相关专业和行业领域的国家战略、法律法规和相关政策，引导学生深入社会实践、关注现实问题，培育学生经世济民、诚信服务、德法兼修的职业素养”。理学类专业课程“要注重科学思维方法的训练和科学伦理的教育，培养学生探索未知、追求真理、勇攀科学高峰的责任感和使命感”。工学类专业课程“要注重强化学生工程伦理教育，培养学生精益求精的大国工匠精神，激发学生科技报国的家国情怀和使命担当”①。这些规定为七大类专业课程思政目标的制定指明了方向。

（三）依据学校及专业人才培养要求

课程思政目标的制定不仅要考虑国家和社会发展的需要，还要结合学校人才培养总要求，专业人才培养要求及规定，要体现专业对所培养人才核心素养的共性要求。例如，北京联合大学在修订2023版人才培养方案时明确提出“培养信念坚定、知行合一，基础知识扎实、实践能力强，具有较强的社会责任感、创新创业精神和可持续发展能力的高素质应用型人才”的人才培养总要求，并要求各专业在学校人才培养总要求的框架下制定专业人才培养目标及毕业要求。工程管理专业依据学校人才培养总要求凝练本专业人才培养核心素养，即家国情怀、科学精神、工匠精神、质量安全、诚实信用、绿色创新及精细管理。并在专业培养目标和核心素养的框架下提出房屋建筑学专业核心课程的思政目标，即“树立以人为本、绿色可持续发展的设计理念；养成工程意识和工程师素养；弘扬中国传统文化，增强民族自信，培养新时代大国工匠精神”。培养目标的确定是在学校人才培养总目标、专业思政目标要求下的逐步递进，是学校人才培养目标和专业思政目标的逐步落实和具体化体现。

课程思政目标的制定不能单纯从学科知识的系统性出发，还要从大学生心理特点和认知规律角度设计，哪些任务达到接受、遵守即可，哪些任务要内化于心、外化于行，这些内容要有明确的规定。此外，一门课程的

① 中华人民共和国教育部．高等学校课程思政建设指导纲要［EB/OL］.（2020-06-01）［2022-03-25］. http：//www. moe. gov. cn/srcsite/A08/s7056/202006/t20200603_462437. html.

育人目标不能穷尽专业人才培养目标中所有态度、情感和价值观的规定，应结合课程特点、学生心理特点有选择地取舍。《高等学校课程思政建设指导纲要》中明确区分了公共基础课、专业课和实践课的课程思政建设重点，就是要求三大类课程间要互相补充，形成合力，相互协助实现专业育人目标。

第二节 挖掘思政教育元素

挖掘思政教育元素是对课程教学中的思想政治教育内容进行选择的过程，任何一门课程由于受学校教学时间的限制，无法涵盖本学科所有知识，要从当代社会生活经验、学科知识经验和学生经验中选择“最有价值的知识”，课程思政就是从选择出的“最有价值的知识”中挖掘具有思想政治教育功能的内容。因此，哪些内容具有思想政治教育功能？通过什么渠道和方式挖掘？是课程思政内容选择的关键。

一、课程思政元素的类型

《高等学校课程思政建设指导纲要》（以下简称《纲要》）明确提出了课程思政建设的内容重点，课程思政要围绕坚定学生理想信念，以爱党、爱国、爱社会主义、爱人民、爱集体为主线，围绕政治认同、家国情怀、文化素养、宪法法治意识、道德修养等重点优化课程思政内容供给，系统进行中国特色社会主义和中国梦教育、社会主义核心价值观教育、法治教育、劳动教育、心理健康教育、中华优秀传统文化教育。并根据不同专业特点，提出了文史哲、经管法、教育学、理工类、农学类、医学类、艺术学类七大类专业课程的思想政治教育内容。可以说，《纲要》为高校教师课程思政内容选择更加具体化指明了方向。

（一）习近平新时代中国特色社会主义思想

2022 年 10 月，《中共中央关于认真学习宣传贯彻党的二十大精神的决定》中明确提出，要推进党的二十大精神进教材、进课堂、进头脑，不仅是对高校思想政治理论课建设的规定，也是课程思政内容建设的要求。党的二十大报告用“十个明确”“十四个坚持”“十三个方面成就”，系统概括了习近平新时代中国特色社会主义思想的主要内容。习近平新时代中国特色社会主义思想是在中国特色社会主义进入新时代，世情、国情、党情发生复杂深刻变化的历史条件下，为回答中国特色社会主义从哪里来、性质是什么、特色在哪里、向何处去等根本问题提出来的。既提出了认识世界与分析问题的根本观点，又提供了解决问题与指导实践的科学方法，体现了世界观与方法论的贯通；既着眼于对全局性、长远性、整体性重大问题的谋划，又关注解决问题的具体路径和实践过程，体现了战略与战术的贯通；即强调着眼于解决现实问题，又提出宏伟奋斗目标，体现了问题意识与目标导向的贯通。

高校课程思政教学改革要将习近平新时代中国特色社会主义思想的思维方法、价值理念、思想体系，贯穿课程建设、教材编写、课堂教学中，以习近平新时代中国特色社会主义思想铸魂育人，教育学生用马克思主义立场、观点、方法分析和解决问题，引导学生了解世情国情党情民情，增强广大青年学生对党的创新理论的政治认同、思想认同、情感认同，坚定中国特色社会主义道路自信、理论自信、制度自信、文化自信。

（二）社会主义核心价值观

社会主义核心价值观是当代中国精神的集中体现，凝结着全体中国人民共同的价值追求。党的十八大首次提出了培育和践行社会主义核心价值观的重大任务，完整地阐述了社会主义核心价值观的层次结构和丰富内涵。

社会主义核心价值观包括国家层面、社会层面和个人层面。国家层面倡导的价值观是要建成富强、民主、文明、和谐的社会主义现代化强国。现代化是要实现经济上富强、政治上民主、文化上文明、社会上和谐的奋斗目标。社会层面倡导的价值观是自由、平等、公正、法治。一个社会总是存在着众多的价值观念和价值准则，当代我们应该用什么样的价值观把不同阶层、不同职业、不同民族、不同信仰的人凝聚和团结起来，适合我国社会状况的最基本的价值观是自由、平等、公正、法治。个人层面倡导的价值观是爱国、敬业、诚信、友善。在日常工作和生活中，个人应该树立什么样的人生价值观，实际上涉及如何处理好与国家、事业、社会、他人的关系问题。对国家基本的价值要求是爱国，对事业最基本的价值要求是敬业，对社会最基本的价值要求是诚信，对他人最基本的要求是友善，八个字涵盖了一个人应如何立身处世，是每一个公民应该树立的个人价值观。国家、社会、个人三个层面的价值观是一个从宏观到微观，从抽象到具体的逐步深化和细化的过程，分别为我们确立了一个宏观目标，一个为达到宏观目标而应坚守的基本价值原则，一个作为公民应该遵守的基本价值准则。

学习、践行和开展社会主义核心价值观教育是一项系统工程。习近平强调“要把思想政治工作贯穿教育教学全过程，引导广大师生做社会主义核心价值观的坚定信仰者、积极传播者、模范践行者”①。习近平在党的二十大报告中强调，“用社会主义核心价值观铸魂育人，完善思想政治工作体系”②。高校课程思政教学改革要将社会主义核心价值观教育融入课程，教育引导学生把国家、社会、公民的价值要求融为一体，提高个人修养；自觉把小我融入大我，将社会主义核心价值观内化为精神追求，外化为自觉行动。

（三）中华优秀传统文化

中华民族5 000多年的文明史创造和传承了优秀传统文化。党的十八大以来，习近平对中华优秀传统文化在中华民族发展中的重大作用、深刻内涵和深远影响做过深刻阐述。十八届中共中央政治局第十三次集体学习时习近平强调，中华文化源远流长，积淀着中华民族最深层的精神追求，代表着中华民族独特的精神标识，为中华民族生生不息、发展壮大提供了丰厚滋养。要认真汲取中华优秀传统文化的思想精华和道德精髓，大力弘扬以爱国主义为核心的民族精神和以改革创新为核心的时代精神，深入挖掘和阐释中华优秀传统文化讲仁爱、重民本、守诚信、崇正义、尚和合、求大同的时代价值，使中华优秀传统文化成为涵养社会主义核心价值观的重要源泉。

高校课程思政教学改革要深入挖掘中华优秀传统文化蕴含的思想观念、人文精神、道德规范，例如，关于自强不息、厚德载物、脚踏实地、

① 习近平．从小积极培育和践行社会主义核心价值观：在北京市海淀区民族小学主持召开座谈会时的讲话［N］．人民日报，2014-05-31（1）．

② 党的二十大文件汇编［M］．北京：党建读物出版社，2022：34．

实事求是的思想；关于经世致用、知行合一、躬行实践的思想；关于集思广益、博施众利、群策群力的思想；关于仁者爱人、以德立人，以诚待人、讲信修睦的思想，等等。中华优秀传统文化的丰富哲学思想、人文精神、教化思想、道德理念，可以为学生认识和改造世界提供有益启迪，可以为学生思想道德教育提供深刻启发。因此，高校课程思政教学要结合时代要求对优秀传统文化加以继承和创新，教育引导学生传承中华文脉，富有中国心，饱含中国情，充满中国味。

（四）社会主义法治思想

社会主义法治思想是新时代中国特色社会主义思想在法治领域的体现，是推动中华民族伟大复兴的精神支柱。社会主义法治思想包括依法治国、执法为民、公平正义、服从大局、党的领导等，是我们国家对法治的理性认识，是对法治的精神追求和价值理想。党的二十大报告强调“围绕保障和促进社会公平正义，坚持依法治国、依法执政、依法行政共同推进，坚持法治国家、法治政府、法治社会一体建设”，“引导全体人民做社会主义法治的忠实崇尚者、自觉遵守者、坚定捍卫者”①。

在社会主义法治思想指导下，高校要培育学生的法治精神，提升学生的法治素质，教育学生成为社会主义法治理念的践行者，把法治思想贯彻落实到当前生活和未来工作中。高校课程思政建设，要深入开展社会主义法治教育，引导学生牢固树立法治观念，深化对法治理念、法治原则、重要法律概念的认知，提高学生运用法治思维和法治方式维护自身权利，参与社会公共事务，化解矛盾纠纷的意识和能力。

（五）职业理想和职业道德

党的十八大以来，习近平多次给优秀大学生个人及群体回信，肯定他们在职业选择时将个人理想追求融入党和国家事业之中的精神。例如，毕业后奔赴新疆基层工作的中国石油大学（北京）克拉玛依校区的 118 名毕业生，献身西藏医疗卫生事业的西藏大学医学院的学生，走进农村当大学生村干部的青年学生……从习近平回信的收信人身上，可以发现他们身上闪耀着新时代青年勇于担当，甘于奉献的精神。大学生正处于职业选择与

① 党的二十大文件汇编［M］. 北京：党建读物出版社，2022：31-32.

发展的关键期，职业理想与信念教育对于大学生未来的就业选择和人生目标的树立有很大的指导作用。

高校课程思政建设要融入职业理想和职业道德教育，帮助学生树立正确的职业观，引导学生深刻理解并自觉践行各行业的职业精神和职业规范，增强职业责任感，培养遵纪守法、爱岗敬业、无私奉献、诚实守信、公道办事、开拓创新的职业品格和行为习惯。

二、如何挖掘思政元素

挖掘思政元素是教师开展课程思政的重要基础，要根据专业知识特点、学生学习规律、未来职业要求，探索挖掘思政元素的路径。

（一）从专业知识中挖掘

大学专业课程有些带有明显的思政特点，例如，哲学社会科学类的政治学、经济学、法学、文学等课程，有些专业知识点本身带有思政教育元素，从思政教育角度看这些课程内容属于显性的思想政治教育。如新闻学专业“中国新闻事业史”课程，对历史人物邵飘萍“以道义统摄高超的采访技巧”“对道义、价值的坚守”等内容的讲授，挖掘出“高洁人格和坚韧品性”思政教育元素。一般来说，历史类专业课程中伟大人物的思想、历史贡献，管理类专业课程中以人为本、公平公正等管理思想和管理原则，知识内容本身就是引导学生理解中华优秀传统文化，帮助学生建立正确认知、形成良好职业品格的教育。对于这类课程思政元素的挖掘难度不大，讲授专业知识本身就是在进行课程思政教学。这类课程思政元素挖掘的重点应放在知识的深度、思政元素的育人性上，挖掘提炼知识体系中蕴含的最自然、最恰当、最有教育意义的思政元素。

（二）从专业知识关联的知识体系中挖掘

专业知识点本身不体现为显性的思想政治教育，如工科、理科课程中公式、原理、定理类知识；社会科学类课程中数据统计分析与应用等方法类知识。无论从知识的概念、原理、方法，还是从知识的规律、事实、规范角度看，都没有显性的思想政治教育元素。对于概念、原理类知识内容如果刻意去挖掘、融入，容易出现“两张皮”“硬融入”的现象，背离了课程思政建设的初衷，大可不必。但是，有些理工类课程的知识体系中蕴含着丰富的思政元素，对于这类课程需要教师解构原有教材内容体系，重新梳理课程知识点间的逻辑关系，在整个学科知识框架内寻找与知识点联系紧密的思政教育元素。如通信工程专业的“通信电子线路”课程，在讲授麦克斯韦电磁理论时，引入理论提出者电磁学领域巨匠麦克斯韦从自卑到自信的成长故事，通过对科学家在科学研究过程中表现出的认真、执着、坚韧、刻苦的职业素养、职业精神的讲授，教育引导学生如何遵守职业规范、坚持学术诚信，增强学生的职业责任感和奋斗精神。对于这类无显性思政教育的知识内容，课程思政建设重点应放在知识广度的挖掘上，寻找知识点与未来职业发展、当前社会热点、重要人物事件、改革开放伟大实践等内容的联系，注意挖掘思政元素与知识点之间的逻辑性和契合度，避免出现刻意的“联结”。

（三）从教学方法手段上挖掘

专业知识本身没有显性思政教育元素，深入探索和挖掘后也无法寻找到特别适合、联系紧密的思政元素时，可以考虑在教学方法和手段上做文章。例如，课堂教学中设计知识点在社会现实中具体应用的讨论，选取具有思想性、教育性的案例体现课程思政理念；选取具有感染性、激励性的视听材料辅助教学；还可以组织学生到具有教育意义的革命旧址、红色基地进行实践教学等。对于这类知识内容，课程思政建设重点应放在教学方法、教学手段、教学环境的选择和利用上，利用现代化教学技术和手段、互联网资源营造充满温度和活力的教学育人环境。

此外，课程思政元素的挖掘还要考虑学生的心理特点。学生成长是一个不断社会化的过程，大学生正处于世界观、人生观、价值观的形成期，有些价值观和素养，学生能够清晰地意识到并努力去培养，但有些价值观和职业素养，学生不太能准确意识到它们对陶冶情操、健全人格、开拓创新、职业发展的重要作用，因此需要教师的指导和帮助，才能上升为学生的自觉需要。在课程思政元素选择上，要结合学生的心理特点和需要，将习近平新时代中国特色社会主义思想、社会主义核心价值观、中华优秀传统文化、社会主义法治思想、职业理想与职业道德等，对学生身心全面发展至关重要的思政元素挖掘出来，并结合课程内容的特点和需要，有机融入教学活动中。

第三节　有机融入课堂教学

思政元素的融入是将所挖掘的思想政治教育元素潜移默化、润物无声地渗透、融入课堂教学全过程，是在课程教学过程中对教学过程、方法、手段、资源等教学要素，如何自然融入思想政治教育做出具体安排并顺利实施的过程。

一、思政元素融入课堂教学的路径

从高校课程思政教学实践看，思政元素融入的方式和路径灵活多样，如基于教学过程的融入，基于教学方法的融入，基于教学手段的融入。教师多渠道、多形式的融入设计，形成了生动的课程思政教学实践案例。

（一）教学过程的融入

教学过程是在教师引导和学生参加下的教和学的活动过程，过程既包括课前预习、课堂教学，也包括课后辅导答疑与作业实践等。基于教学过程的融入，就是将课程思政育人理念融入课前、课中、课后整个教学活动过程。

1. 课前预习的融入

布置课前学习任务是大学课程教学的重要环节，通过布置课前预习，可以为教师课堂教学做好准备。学生通过阅读教材、查阅资料、搜集文献、实践操作的方式自学新知识，为课堂学习做好准备。课前学习任务要聚焦具体问题，让学生在思考、分析问题过程中，认识问题和知识背后所蕴含的价值判断。例如，人力资源管理专业“招聘与人才测评”课程在讲授“人才选拔的个性特质”内容时，要求学生课前访谈身边参加北京冬奥会志愿服务的同学，从志愿者服务的案例中总结做好志愿服务工作应具备的个性特质。学生身边榜样的现身说法，不仅帮助学生认识到强烈的责任心，对服务工作的热情与坚持，良好的团队合作能力，亲和力与耐心等品质，是做好志愿服务工作的岗位要求外，还激发了学生的自豪感，增强了工作的责任心。

2. 课堂教学的融入

在导入新课、讲授新课、巩固练习、课堂小结、布置作业等课堂教学环节中，有选择地融入思政教育元素。讲授新课环节是融入思政元素较多的环节，尤其是教师在讲授新知识时为了学生更好地理解掌握，努力做到内容丰富、生动有趣，启发学生思考、主动探索。因此，在讲授新知识环节可以有选择地融入思政元素，激发学生的求知欲和听课注意力。巩固练习阶段也是课堂教学中融入思政元素的重要环节，课堂巩固练习的目的是检查学生对所学知识的理解和掌握情况，通过测试、练习、讨论促进学生思考，培养学生严谨认真的思维习惯和解决问题的能力。例如，工商管理专业“管理学”课程，学习完“激励理论”内容后，要求学生分组讨论几种激励理论在中国不同类型企业管理中应用的差异性，在教师点评环节将企业责任和企业家精神等思政元素融入问题分析中。课堂教学融入思政元素可以发生在任何环节。旅游管理专业的“空间信息技术与旅游应用”课程，提出在“课程导入、重点难点、平时作业等环节融入思政元素”的三种融入路径，将课程育人理念贯穿教学全过程。

3. 课后作业的融入

课后作业的任务在于使学生进一步消化和巩固课上学习的新知识，养成独立分析和解决问题的能力与习惯。思政元素融入课后作业可以在作业内容和完成方式上下功夫，可结合教学内容要求学生设计问题调查，提升学生价值分析和判断的能力。例如，市场营销专业的“消费者心理与行为”课程，要求学生课后调查 20 世纪 60 年代至今中国“结婚四大件”的变迁，并开展相关访谈。通过调查加深学生对新中国成立 70 多年，特别是改革开放 40 多年取得伟大成就的认识，增强学生的爱国情怀和民族自豪感。再如，学前教育专业的“中国教育史”课程，课后组织学生深入社会开展实际调查，通过对图书馆、档案馆、幼儿园、教育遗址的调研，了解北京街道幼儿园的发展史，在实际调查中将爱国主义教育和传统文化教育结合起来，培养学生的传道情怀和授业底蕴。

（二）教学方法的融入

任何教学过程的展开都需要一定的教学方法，教学方法得当可以激发学生的学习兴趣，促进学习知识的迁移。教师开展课程思政教学具有很强的实践性和艺术性，需要选择恰当的、多元的教学方法作为辅助。课堂教学常用的教学方法有讲授法、案例分析法、问题教学法、小组讨论法、任务驱动法等，教学方法选用得当可以将思政元素自然融入专业知识教学中，达到事半功倍的育人效果。

讲授法是高校教师在课程思政教学设计中使用最多的方法，多数课堂采用讲授法很好地实现了课程的育人功能。例如，环境设计专业的“住宅空间设计”课程，在讲授住宅空间设计方法的内容时，将中国重礼、崇和、会意的传统文化巧妙地融入住宅空间设计的专业知识讲授中，帮助学生树立礼仪和规矩意识，引导学生懂得如何与人相处、友好合作，培养谦逊又不失气节的良好品格。

案例分析法是基于案例进行教学的方法。案例分析法是经济类、管理类、法学类、教育类、心理类等专业课程常用的教学方法，通过对具有思想性、教育性、现实性案例的剖析与讨论，提升学生交流表达、自主寻求解决问题答案的能力。案例分析法非常适合课程思政教学，在管理类课程的课堂，教师结合具体案例分析企业应承担的企业责任和所彰显的企业家精神；法学类和教育学类课程的课堂，教师结合具体案例剖析司法行业的法律法规和相关政策，结合教育案例分析师德规范和要求，在讨论、分析、交流中帮助学生牢记知识点，培养学生诚信服务、德法兼修、行为示范的职业素养。例如，人工智能专业的“人工智能概论”课程，通过对华为打破芯片封锁等具体案例的讨论，阐释人工智能技术发展对我国的战略意义，增强学生的责任感和使命感。

任务驱动法是学生以任务为驱动力，进行自主探索和互相协作的学习活动。任务驱动法通过让学生完成具体、真实的任务学习知识、掌握技能。这种方法强调学生的主动性和参与性，学生在完成任务的过程中进行探索、思考和实践，不断获得成就感，进而激发他们的求知欲望，逐步形成一个感知心智活动的良性循环。任务驱动法不仅能培养学生独立探索的精神，还能提高学生的学习效率和学习效果。任务驱动法是实验实践类课程、理工类课程常用的一种教学方法，例如，人力资源管理专业“人员素质测评综合实践”课程，采用任务驱动法组织学生进行模拟面试，学生通过扮演企业招聘专员、人力资源主管等角色，全面了解企业面试的流程、方法和内容。在模拟训练中将专业技能训练和职业精神、职业道德教育结合起来，培养学生爱岗敬业、客观公正、尊重工作对象的职业品格和行为习惯，引导学生理解并自觉践行职业规范，增强职业责任感。

（三）教学手段的融入

教学手段是课程教学过程中师生互相传递信息的工具、媒体或设备。随着互联网信息技术在教育领域的普及，很多课程利用现代多媒体视听设备和互联网、云技术实现课程思政教育元素的融入，将社会主义核心价值观、中华优秀传统文化、职业理想和职业道德等学习资料、视频材料生动再现给学生，强化学生感性认识，引起情感共鸣。例如，物流工程专业的“物流自动化技术”课程，通过视频资料让学生感受京东无人化仓储中心的全自动物流运作，了解我国现代物流的最新研究成果，激发学生的民族自豪感和自信心。旅游管理专业的“旅游营销”、艺术学专业的“社交礼仪”等课程，借助北京冬奥志愿服务人员生动感人事迹的视频资料，培养学生不怕吃苦、甘于奉献的志愿服务精神和公益意识，增强学生服务地方、服务家乡的责任感和使命感。地理信息科学专业的“地图学”课程，借助北斗卫星组网成功的视听材料、新闻报道，教育学生学习“自主创新、团结协作、攻坚克难、追求卓越”的北斗精神，引导学生树立坚定的理想信念和远大志向。

当代大学生是在互联网环境下成长起来的一代，获取课程的方式也更加多样。课程思政教学可以充分利用网络教学资源实现育人目的。如新闻学专业“音视频节目制作”课程借助“年夜饭的变迁”网络教学资源，帮助学生了解中国改革开放40多年年夜饭的变化，从满足温饱到丰盛美味，再到追求营养健康，反映中国百姓生活质量的提高，激发学生强烈的爱国主义情感。

二、思政元素融入实践教学的路径

课程思政是面向高校所有课程的教学改革，思政元素不仅要融入理论教学，还要融入实践教学。高校实践教学包括专业实验实践类课程、创新创业类课程、社会实践类课程、毕业设计（论文）等。不同类型实践教学的育人目标和要求有所不同。专业实习实践类课程注重学思结合、知性统一，重在培养学生勇于探索的创新精神，善于解决问题的实践能力；创新创业类课程注重让学生“敢闯会创”，在亲身参与的实践活动中增强创新精神、创造意识和创业能力；社会实践类课程注重教育和引导学生弘扬劳动精神，将“读万卷书”与“行万里路”相结合，扎根中国大地了解国情民情，在实践中增长智慧才干，在艰苦奋斗中锤炼意志品质；毕业设计（论文）注重教育和引导学生学术诚信，在科学实验、调查研究中增强学生认真严谨的科学态度和求真务实的工作作风。

思政元素融入实践教学的路径和方法与理论课相似，也要融入实验、实践、实习课程的教学目标、教学过程、课程考核等环节。要依据专业人才培养目标要求，将专业思政目标要求落实到实验、实践、实习的教学目标中，把育人要求融入实验、实践、实习的全过程。加强对实验实践教学方法的改革，推行基于问题、基于项目、基于任务、基于案例的教学方法和学习方法，在解决问题、完成任务的过程中，引导学生学会做人、学会做事，培养他们吃苦耐劳、精益求精的工作作风。在专业实习、毕业实习环节，通过深入企事业单位，参与生产和管理活动，增强学生职业责任感，培养学生职业品格和行为习惯。例如，地理信息科学专业“空间数据采集实习”课程根据实习目标和要求，对实习内容、形式和任务进行精心设计，将红色乡村作为学生实习地点，通过绘制村庄旅游资源分布图、交通图，以及村庄旅游资源宣传手册，提升学生专业技能，培养学生吃苦耐劳的精神和热爱祖国、热爱家乡的情感。

第五章
隐性课程思政设计

第一节　隐性课程的含义与功能

从近年高校课程思政教学改革实践看，多数教师将课程思政建设重点放在课程内容、思政元素挖掘上，从课程教学内容中挖掘思政元素并自然融入课堂是广大教师教学改革的主要内容。育人工作是全方位、全过程的，要将思想政治教育融入教育教学每个环节，因此，具有隐性教育功能的管理制度、课堂氛围、师生关系等隐性课程，也是课程思政教学改革应关注的范畴和内容。高校课程思政教学改革不能忽视隐性的文化浸润、感染、熏陶对学生的教育影响，这些隐性课程可以助力显性课程，以一种潜移默化、润物无声的方式达到立德树人的效果。

一、隐性课程的含义

隐性课程是美国学者杰克逊（Jackson）在1968年出版的《班级生活》一书中首次提出的①。学生在校学习期间，不仅学习列入人才培养方案中的显性课程，还接受伴随着正规教学内容随机出现的、起潜移默化作用的隐性课程的教育和影响。杰克逊认为，隐性课程是学校通过内隐的方式，对学生施以思想、情感、道德的影响，使学生的品德和个性在潜移默化中得到发展。隐性课程是一种特殊形式的思想道德教育课程，主要包括学校规则、文化氛围、组织方式、人际关系等内容，具有明显的内隐性，对学生态度和价值观的形成和影响是在无意识情况下发生的，不容易引起学生的乏味厌倦心理，因此教育作用往往比显性课程更大。

二、隐性课程的表现形式

隐性课程的表现形式有观念类、物质类、心理类和制度类四种。观念类隐性课程主要指隐藏于显性课程之中的意识形态，如学校的校风、学风，学校领导与教师的教育理念、价值观、教学风格、教学思想等。物质类隐性课程主要指学校教室、实验室、图书馆、体育馆、食堂、学生活动

① 钟启泉．现代课程论［M］．上海：上海教育出版社，1989：182.

室、学生宿舍等校园内的主要建筑物、活动场地、教室布局、实验设备等。这些建筑布局以“无声的语言”对学生施以教育和影响。心理类隐性课程主要指任课教师的态度、期望、师生关系、校园班级文化等，这些精神环境体现和反映了学校的悠久历史传统、精神风貌及道德认知、情感和意志。制度类隐性课程主要指学校管理制度、生活制度、考核制度、奖惩制度等，制度包含学校管理者的办学理念、育人态度、价值追求，学生感受到的学校管理者的教育主张，这些都会潜移默化地影响他们的情感和行为。

三、隐性课程的思想政治教育功能

在大课程观的视角下，教室和实验室的布局、学校学习风气、课堂氛围、人际关系等隐性课程，无一不对学生的政治思想、价值理念、道德修养产生影响。

（一）陶冶功能

显性课程通过外在强制方式教育影响学生，而隐性课程主要通过营造一个健康、乐观、积极向上的文化氛围和教学环境，以一种潜在的、内隐的方式陶冶学生的性情，帮助他们养成良好的道德行为习惯。

布局合理的校园建筑，绿树成荫的校园环境，宽敞明亮的教室，喜闻乐见的文化艺术活动，良好的师生关系，融洽的同学关系等，不仅能为学生提供一个良好的学习环境，还能使学生受到思想道德的熏陶，激发学生的交往动机，使他们积极主动地融入校园生活。此外，良好的班风与学风也可以使学生浸润在和谐友好的学习氛围中，有助于学生对群体规范的认同感和归属感的产生，净化心灵，升华道德情操和行为品质，提高个人修养。

（二）强化功能

课堂直接、集中、系统的理论讲述不可能一蹴而就地让学生全部掌握，随着时间的推移还会产生遗忘。而隐性课程能强化学生在课程教学中习得的知识，校园里的文化标语，比如，“学以致用”“自强不息”“振兴中华”等，时刻鞭策着学生要牢记使命、不忘重任；考试期间的各种警示标语，比如，“考试诚信”“拒绝作弊”等时刻提醒着学生要遵守学生管理规范；教室内中外名人画像和警句时刻激励着学生要勇攀高峰、为理想而奋斗；校园内的花草树木也时刻教导着学生要尊重生命、热爱自然、保护环境。校园内的这些标识、设计都能起到很好的强化作用，自觉约束学生行为，使他们养成良好的行为习惯和道德素养。

（三）内化功能

思想政治教育是一项复杂地对学生进行价值塑造的教育实践活动，在这项活动中，“身教”更重于“言传”。显性课程使学生明白社会对学生思想、政治、道德等方面的规范与要求，隐性课程则能促进学生将社会期望内化为自己的个体意识。学生是学习的主体，他们在用自己的眼睛看世界，学校领导、教师、同学等都可以成为他们观察和模仿的对象。也就是说，隐性课程为学生提供了榜样和示范，也为学生提供了检验自己的舞台。在一个集体主义占主导的隐性环境里，自私自利就会遭到他人的否定和疏远，出于群体规范和校园舆论的压力，自私自利的人就会修正自己的行为，而集体主义则更容易被学生接受、认同和内化。

然而，隐性课程是无法事先进行控制或系统安排的，隐性课程的教育影响也是不能事先预知的。隐性课程中也存在着消极因素，在某些情况下可能对学生产生消极的影响。比如，利己主义、拜金主义、享乐主义等错误观念会影响学生的人生观、价值观；功利主义会影响严谨的治学之风，使学生抛掷理想，变得急功近利。当课堂教学所灌输的理论知识与学生观察到的实际生活不一致时，将难以在学生的头脑里得到印证和强化。因此，教师要注意保持隐性课程与显性课程内容的一致，言行一致才能发挥隐性课程的教育功能。

（四）发展功能

隐性课程能够有力促进学生智力的开发、创造力的培养，社会组织能力和各种工作能力的提高。其发展功能在学校思想政治教育中是十分明显的。由于校园文化内容丰富、形式多样，比如，艺术节、学术讲座、社团活动、设计展览，集知识性、趣味性、娱乐性、休闲性于一体，能充分锻炼学生的才能，也能为感兴趣的学生提供一个展示才华的舞台。所以，隐性课程能吸引广大学生全身心地投入，使他们的文化素质、心理素质、人格素质、道德素质不断得到提升，智力、能力和创造力得以开发。在未来参加工作与接触社会时，他们会自觉不自觉地把大学时代校园文化的精神及表现形式纳入社会的具体实践中去。这是智力、能力与创造力运用的最好表现。

第二节　隐性课程思政教学设计

在课程思政教学改革实践中，教师通常将改革重点放在课程上，对课程以外的教学相关要素考虑的不多，也缺乏发挥隐性课程思想政治教育功能的意识，致使课程思政教学改革出现了“重在课程，忽视过程影响”的问题。课程思政教学改革是全方位的，而教师是课程思政教学改革的关键，教师在开展课程思政建设时，不仅要聚焦课程挖掘思政元素，还要善于利用一切育人资源、方法手段和途径，教育引导和影响学生。严格公正的课堂管理、和谐融洽的课堂氛围、良好的师生关系，以一种潜移默化的方式将做人做事的基本道理、社会主义核心价值观的要求、民族复兴的理想和责任融入育人过程，使学生在行为体验和情感触动中产生心理共鸣。

一、隐性课程思政教学设计

隐性课程作为学校教育中未明确规定的、非正式和无意识的学习经验，主要是以隐蔽方式对学生的理想信念、情感态度、价值观和意志品质等进行无意识的影响。作为一种特殊的课程思政教学模式，隐性的课程思政具有与显性课程思政完全不同的特质，它没有系统化的教学目标和教学内容，教学目标和内容隐藏和分散在不同教育载体之中，主要通过潜移默化、润物无声的教育方式对受教育者进行影响。对隐性课程进行课程思政教学设计主要涉及教育方法手段或具体的实施路径，要以易于显性的课程思政教学活动实施为其设计的主要目的。概括地说，隐性课程思政教学设计就是对辅助显性课程思政教学实施的相关要素进行设想和计划的过程，如教室环境设备的摆放，课堂管理制度的制定和实施，课堂育人氛围的营造，师生（生生）良好人际关系的建立，等等，都要以易于显性课程思政教学实施为主要设计依据。

二、隐性课程思政教学设计的路径

（一）实施严格公正的课堂管理

大学生具有较好的自律性，大学课堂一般不需要教师特别维护课堂秩序，但是随着智能手机应用及年轻人性格活跃的特点，有时课堂也存在秩序乱、听课不认真的情况。对此，教师要适时强调课堂秩序，集中学生注意力。课堂管理的好是教学艺术的表现，能发挥课程育人的功能。因此，教师组织课堂教学首先要建立明确的课堂管理制度，明确课堂教学过程中学生出勤、讨论、听课、回答问题、作业、考试等相关教学要求，建立详细的评分标准并通报给学生。在制度执行过程中既要按照规则严格管理，又要尊重学生个体差异，进行差异化管理。对于动作迟缓、做事拖沓的学生，采取作业提醒的差异化管理方式；对于缺乏时间观念、缺勤迟到的学生，采取出勤重点关注、个别约谈的压力管理方式。在课堂讲授过程中，对于经常刷手机、“开小差”的学生，采取重点提问、认真听课给予表扬的课堂管理方式。总之，教师在课堂教学过程中要关注学生的听课情况，在管理学生时要和颜悦色、认真倾听、平等相待；在制度执行过程中，既不囿于固有模式和规定，也不能抛开制度限制任意放行，既要严格公正又要充分尊重。

（二）营造和谐融洽的课堂氛围

课堂氛围是教学环境中非常重要的元素，和谐氛围需要教师积极主动去营造。学生聚精会神、认真听课，说明教师讲课内容被学生理解和重视，如果精神萎靡、双眉紧皱，说明学生对讲课内容不感兴趣或没有理解。教师要注意观察学生听课的教学反馈，及时对教学进度和方法进行调整。采用灵活多样的教学方法是建立和谐融洽的课堂人际环境、营造人人参与的课堂氛围的重要形式。可以使用案例分析、问题讨论、情景模拟、任务驱动等方法营造轻松融洽的课堂气氛，引导学生建立良好的同学关系，培养同学之间友爱合作的团队精神，提高学生集体意识、参与意识和团结合作能力。

（三）建立相互尊重的人际关系

学校教育中教育者、受教育者之间构成两种人际关系，一是师生关系，二是生生关系。良好的人际关系所蕴含的交往方式、情感态度都携带育人功能，通过暗示、感染影响学生。

1. 师生之间的互动关系

彼此理解信任是师生有效沟通的前提，在师生交流互动中，教师要充分发挥其教育者、引导者的作用，努力营造平等和谐的对话氛围，消除师生双方的心理距离。首先，教师要充分了解大学生的个性心理特点，尊重学生在知识学习中表现出的差异性，多采用肯定性评价，避免简单、粗暴的否定性评价，防止学生产生“习得性无助”，失去与教师交流的意愿，最大可能消除师生双方的心理距离。其次，在师生互动中，以教师特有的政治敏锐感帮助学生观察、分析社会敏感问题。在讨论交流专业问题时，恰当融入专业前景、行业发展趋势，个人需要做好哪些职业准备，大学期间专业能力提升路径等有关职业理想、职业素养方面的谈话内容。教师的言谈举止会给学生以深刻的暗示，这些暗示对学生的影响会向着教师期望的观念、信仰和价值观的方向发展，并持久地影响学生。最后，教师要用实际行动影响、感染学生。《论语》有云“其身正，不令而行；其身不正，虽令不从”，身教胜于言教，教师要严格规范自己的言行，恪守学术规范，言行雅正才能为人师表。

2. 学生之间的关系

生生之间的互动关系也是隐性课程思政不可或缺的教育内容。当代大学生处于“内卷”的时代，激烈的就业竞争使他们承受着较大的心理压力，同龄人有类似的经历，相同的知识基础，容易产生共鸣。他们之间不断交流思想，谈论理想，在深入交往中传递着有借鉴意义的经验。友好的同学关系能帮助他们缓解来自学习、考试、实习、就业的压力，使他们在遭受学习、生活、就业方面的挫折时，能从同学那里得到更多的支持，提高他们应对各种挫折的能力，养成活泼开朗、积极向上的个性品格。

第六章
课程思政教学评价

第一节 课程思政教学评价的内涵

课程思政教学评价是课程思政建设过程中的一个重要环节，评价的目的是引导课程思政教学改革的方向，保证课程思政育人成效，实现课程思政教学目标。《高等学校课程思政建设指导纲要》明确提出要“建立健全多维度的课程思政建设成效考核评价体系和监督检查机制”“研究制订科学多元的课程思政评价标准”①。课程思政作为高等教育的创新实践，建设成效如何需要相应的考核评价，这对教育管理部门开展课程思政监督检查，对高校持续深化课程思政建设，对教师坚持课程思政教学改革，创新课程思政理论研究具有重要的指导意义。

一、课程思政教学评价的含义

教学评价是教学实践中不可缺少的环节，是以教学目标为依据，制定科学的标准，运用一切有效的评价技术手段，对教学活动过程及其结果进行测定、衡量、分析、比较，并给予价值判断的过程。教学评价实质上是从影响和结果两方面对教学活动给予价值上的判断，并引导教学活动沿着实际预定目标发展。这里的“影响”主要指教师的教，即教师依据教育规律组织教学活动，传授知识，培养能力，指导学生学习的一系列教学活动。“结果”主要指学生的学，即学生的学习结果是否达到教学目标，以及达到的程度。由此可见，教学评价实际上是面向教师的教和学生的学两个层面的评价，即对教师教学质量的评价和对学生学习成效的评价。

高校开展课程思政建设以来，从学校管理到课堂教学进行了全方位改革，课程思政评价也应从学校、教师、学生三个层面进行建设成效的检查。其中，对学校的评价即宏观层面的评价，主要评价学校在课程思政建设过程中组织领导、队伍建设、组织实施、质量评价、激励保障等方面的成效，通过这些评价全面检查学校课程思政建设情况；对教师的评价即中

① 中华人民共和国教育部．高等学校课程思政建设指导纲要［EB/OL］.（2020-06-01）［2022-03-25］. http：//www. moe. gov. cn/srcsite/A08/s7056/202006/t20200603_462437. html.

观层面的评价，对教师课程思政建设质量和效果的检查和评价，检查教师在课程思政建设过程中，是否依据教育教学规律，学生心理发展规律，思想政治教育规律进行课程思政建设，是否依据专业人才培养要求制定课程思政教学目标，是否将课程思政目标付诸实践，落到教育教学全过程；对学生的评价即微观层面的评价，主要是对体现在学生身上的育人效果的评价，评价学生对教师在课堂教学中传递和强化的思政元素的理解、认同及接受程度，评价学生在课堂教学和实践活动中，思想、道德水平成长和发展的情况，以及在理想信念、遵纪守法、尊师爱校、学术诚信、专业自信方面是否有所收获。

三个层面的评价是对课程思政建设成效的全面检查，而中观和微观层面的评价是对课程思政教学情况的检验，即对课程思政教学质量、课程育人效果做出的判断。课程思政教学评价是一个过程，是收集和获取“依据”或“信息”，对课程思政教学活动做出判断的过程。所有的教学活动都是有目标、内容和方法的，都有具体的实践形式。课程思政教学评价就是通过对这些教学元素、教学活动的调查分析揭示课程所具有的教育价值与育人效果。

课程思政教学评价所依据的信息，既来自教师课程思政建设过程和成效，也来自学生学习过程和效果。因此，对教师课程思政教学设计和教学效果的评价（也称为课程思政教学工作评价），对学生学习成效的评价，两个维度的评价构成了课程思政教学评价体系，两个维度的评价是为课程改革和研究“囤积本钱”，是课程思政建设和高质量发展的需要，也是保证课程思政教学效果、检验课程思政建设成效的关键。

二、课程思政教学评价的理论基础

（一）马克思关于人的全面发展的思想

马克思关于人的全面发展思想是我们认识课程思政、理解课程思政的思想源泉。马克思认为，人的发展要从片面发展走向全面发展。人如果在某一方面有所发展，而不能在需要、活动、能力等方面获得全面协调发展，只能是片面的、畸形的发展。要实现人的全面发展不能脱离教育，不能离开社会，各种教育活动都要符合社会的发展规律，并随着时代的演变而变化[①]。学校为实现人的全面发展要施以德智体美劳的教育，为人的全面发展提供必要条件。

马克思关于人的全面发展的思想为课程思政教学评价标准的设计提供了方向。学生在校学习期间，不仅有获取知识、提升能力的渴望，更有情感、态度和价值观的期待。高校开展课程思政教学改革既是为了满足学生在知识学习过程中更深层次的价值、情感的需要，也是为了培养德智体美劳全面发展的社会主义建设者和接班人。马克思关于人的全面发展思想要贯穿课程思政教学改革全过程、各要素，课程思政教学评价作为课程思政建设的重要内容，要坚持以人的全面发展思想为指导，确定评价指标要素及内容，构建课程思政评价指标体系，将培养全面发展的人作为课程思政最终评价标准。

（二）加德纳多元智能理论

多元智能理论是美国心理学家加德纳（Gardner）提出的。加德纳认为，智能是解决某一问题或创造某种产品的能力，而这一问题或这种产品在某一特定文化或特定环境中是被认为有价值的[②]。智能不是一种能力而是一组能力，每个人都不同程度地拥有，并在生活各方面表现出来的一种综合能力。教育应该为学生学习创设丰富的情景，为学生提供多样化的选择，从而帮助学生扬长避短、发展潜在的智能。

加德纳多元智能理论是一个全新的智能理念，提示人们反思现有的教育活动和评价模式。加德纳多元智能理论对于课程思政教学评价的指导意义在于：一是智能是多元的，评价形式也应该多元化，要摒弃以标准智力测验和学生学科成绩考核为重点的传统评价方式；二是在不同学习情景下的评价，要将过程和结果结合起来，注重学生解决实际问题的能力和创造能力；三是评价不是目的只是手段，要用发展眼光对待学生的成绩。

（三）布卢姆目标分类理论

目标分类理论是20世纪50年代美国教育心理学家布卢姆（Bloom）提出的。目标分类理论认为，教育目标是教育教学评价的基础，教育目标

① 马克思，恩格斯．马克思恩格斯文集：第5卷［M］．北京：人民出版社，2009：555-557.

② 加德纳．多元智能新视野［M］．沈致隆，译．北京：中国人民大学出版社，2012：7.

从整体上可以分为认知领域、情感领域和动作技能领域的目标，每个领域在实现最终目标的过程中都有相应的目标系列。其中，最为成熟的是认知领域的目标。目标分类理论的提出，实际上解决了教育教学评价中测什么的问题①。目标分类理论对于课程思政教学评价的指导意义在于：教学目标是多维的，即认知、技能、情感、态度、价值等，在进行课程思政教学评价时，应从多个维度挖掘评价内容，尤其是从情感、态度、价值的维度分析课程育人的要求，设计课程思政评价指标和内容。

（四）隐性课程理论

隐性课程是学校教学计划以外的课程，是以一种间接的、不明确的方式对学生进行思想道德教育，其效果是长期有效的。高校课程思政建设通常将建设重点放在人才培养方案中的正式课程上，注重对这些课程的设计与开发，忽视正规课程之外的隐性教育和影响，在课程思政教学评价时自然也不会将学生管理方式、师生人际关系等隐性育人指标纳入评价内容。评价是指挥棒，如果评价标准中没有设计相关的评价指标和内容，教师在课程思政教学改革过程中就不会重视对这些内容的建设。可见，课程理论为课程思政教学评价体系建构提供了理论指导，课程思政教学改革要充分挖掘非课堂教学中思想价值的渗透和引导，并将这些内容纳入课程思政教学评价的范畴，实现从隐性课程的教育影响到评价检查的闭环。

第二节　课程思政教学工作评价

面向教师的课程思政评价被称为课程思政教学工作评价，即对教师课程思政教学设计、实施及效果等情况的检查。面向学生的课程思政教学评价主要对标课程教学目标，评价学生通过课程学习在情感、态度、价值观等方面的成长、变化情况。

一、课程思政教学工作评价关键要素

课程思政教学工作评价是学校收集教师课程思政教学情况的数据和信

① 安德森．布卢姆教育目标分类学（修订版）［M］．蒋小平，张琴美，罗晶晶译．北京：外语教学与研究出版社，2009：238.

息，并做出质量判断的活动。课程思政教学质量主要体现在教师依据教学大纲、课程目标设计教学内容，剖析教材，组织课堂教学，批改学生作业，实施课程考核等方面。课程思政教学工作评价应覆盖这些环节，从谁来评价、评价什么、采用什么方法评价等，分析各环节中教师课程思政建设的具体做法与成效。

（一）评价主体

评价主体就是谁对教师课程思政教学质量进行评价。一般来说，与课程思政教学相关的人员，如同行教师、学生、学校领导、教学专家都可以作为评价主体。课程主讲教师、相关课程群教师熟悉课程目标与任务，了解课程内容与知识体系，把握学科专业发展前沿，他们能从课程内容的逻辑性、新颖性，知识广度和深度上给予评价，评价更加准确和客观。教学专家谙熟教育理论和教学方法，掌握教学规律，可以看到被专业教师忽视的问题，能从教学设计、教学过程、方法与手段、考核方式上进行评价。教学专家的评价会产生外在的督促力量，使评价能更有效地发挥作用；学生作为教学对象，是教学活动的主体，学生可以从学习获得感、满意度方面对教师课程思政教学做出评价，学生的评价可以促进教师自我反思，改进教学，提高质量。

在课程思政教学工作评价过程中，评价主体对评价标准要十分清楚，能准确找到评价的重点，以便全面、客观地分析所获信息与数据。在评价结束后，要及时向评价对象、学校管理部门和相关人员反馈评价结果，肯定评价对象的价值与优点，指出不足和需要完善的地方。

（二）评价内容

评价内容是课程思政教学质量评价的关键，评价主体所处的地位不同，评价角度和内容也会有所不同。在课程思政教学实践中有些评价者关注课程思政的行为目标，主张从课程思政教学改革后的结果对社会、学生的影响判断课程思政的成效与价值，而不必过于关注课程思政的具体做法；有些评价者则强调课程思政设计是做好课程思政教学的前提，主张从课程设计、课程目标、课程资源等方面，对课程实施过程中涉及的要素进行评价。可见，不同的评价主体关注重点有所不同，但无论谁评价，课程相关要素都应纳入课程思政教学评价范畴。

课程思政教学改革虽然指向的是具体课程，但作为一个教学实践活动，课程思政的主要着眼点应是课堂教学，与课堂教学直接相关的因素如教学目标、教学内容、教学方法与手段、教学效果、教学组织形式等都应成为评价对象。此外，教学活动实施者在教学过程中的情感、态度和行为对学生有潜移默化的影响，也应纳入课程思政教学质量评价范畴。因此，聚焦课程、课堂和教师三个维度的评价，可以全面了解和掌握课程思政教学改革进程和效果。

1. 评价课程

课程思政教学改革本质上是课程改革，因此，评价首先要面向课程。课程是动态的活动过程，评价课程是对课程的科学性与合理性做出判断，引导课程向预期方向发展的过程。具体说，就是对课程的整体设计、课程目标、课程资源、课程考核、育人效果等课程要素进行全面评价。在课程评价过程中要重点评价立德树人、全面发展的思想和理念在课程目标中是否有所体现，课程目标中的态度、情感、价值的要求是否符合国家战略、社会需要及学生身心特点；课程内容是否反映学科前沿、紧密结合社会现实，是否依据学科知识、社会需要、学生发展挖掘思政元素和育人资源，思政元素与知识点之间的逻辑性和契合度是否匹配；课程考核是否体现了育人目标要求，对情感、态度与价值的考核是否具有可操作性；课程思政教学设计是否符合教学规律、符合学生学习特点；课程思政理念在教学方法手段、实验实训、考核评价等环节是否有机融入；课程的教育价值是否突出，育人效果是否显著，等等。概括说，评价课程必须站在整个学科知识的角度，结合所授课程特点、社会现实需要和学生未来发展，检查和评价课程思政的质量。

2. 评价课堂

课堂教学是课程目标落地实施最有效的教学组织形式。课堂教学是有结构、有节奏的。复习导入、讲授新知识、巩固检查、布置作业、课程小结每个环节都有其价值和意义。评价课堂教学中的思政特点，要重点评价教学目标的要求是否准确落实到课堂教学每个环节上；课程思政教学设计是否在课堂教学中一步步实施，课堂教学过程是否自然、恰当地融入思政元素；是否巧妙利用讲授法、讨论法、问题教学法、案例分析法等教学方法，利用视听技术、虚拟技术等现代信息技术突出课程思政育人理念；是否建立和谐融洽的课堂人际环境，是否形成人人参与的课堂学习氛围；课后辅导答疑是否促进学生知识拓展、思维发展和情感升华。总之，评价课堂的重点在学生的获得感上，评价课堂教学的吸引力，学生能深度参与课堂教学活动中，能力与思维得到发展，情感与价值得到升华。

3. 评价教师

课程思政教学改革的关键在教师，教师的政治素养、师德修养、扎实学识和教学能力，决定着课程思政教学质量和效果。因此，对课程思政教学评价不能局限于课程和课堂，对课程思政主讲教师和教学团队的理论素养、教学设计能力、执教能力也要进行评价。通过检查和评价，及时发现教师在课程思政建设过程中存在的问题，有针对性地指导、帮助教师提升课程思政教学质量。

（1）对主讲教师的评价。对主讲教师的评价主要包括政治立场是否坚定，是否具备良好的师德师风、教学风貌；教学经验是否丰富，是否准确把握课程思政建设方向和重点，具有课程思政教学设计和执教能力；在教学实践中是否实现了对思政元素的充分挖掘和系统掌握；授课过程中是否内容充实、概念准确、思路清晰、感情充沛、富有激情；教学风格、精神风貌是否利于学生形成积极向上的学习和生活态度；对待学生是否关爱尊重，对待工作是否认真负责；教学改革成果是否突出，育人成效是否显著等。

（2）对教学团队的评价。对教学团队的评价主要包括团队成员结构是否合理，是否都承担了课程思政教学工作，成员任务分工是否明确；团队建设目标是否清晰，是否定期开展教学经验交流与研讨，是否持续培养青年教师，团队取得课程思政教学成效是否显著等。

（三）评价方法与形式

采用什么方法评价是客观了解课程思政教学质量的手段，不同评价主体采用的评价方法不同。一般来说，主观评价法是课程思政教学评价常用方法，即依据课程思政评价标准分析课程思政教学设计和实施过程，评价课程思政教学效果和质量。在进行课程思政教学评价之前要确定具体的评价指标，根据指标收集评价信息和数据并做出质量判断。主观评价法可通过检查教学文件、同行或专家听课和学生评教的形式得以实现。

1. 检查教学文件

教学文件是指导和规范课程思政教学内容、过程，完成教学任务，实现教学目标的指导性文件，主要包括教材、教学大纲、教案、讲义、授课PPT等。教学文件是教师课程思政建设的显性载体，是全面了解课程思政教学设计的凭据。检查教学文件可以初步了解教师课程思政建设的态度和能力。一般来说，检查教学文件的重点是从文件的完整性、规范性和专业性看课程思政目标的制定，课程思政内容的设计，育人资源的开发，课程考核的实施等内容是否明确。

（1）完整性。检查在教学大纲、教案等相关教学文件中，课程思政教学目标、思政元素、思政资源、教学方法和手段、考核方式等要素是否全面完整呈现，是否准确地将立德树人理念融入教学要素中。

（2）规范性。主要检查教师是否依据人才培养目标、社会需要、学生特点进行课程思政教学内容的设计，挖掘的思政元素是否突出，教学方法手段、考核方式是否恰当。

（3）专业性。主要检查教师是否依据学科专业知识内在逻辑进行思政元素的挖掘，思政资源的开发是否充分、丰富，是否体现学科和专业的差异性；思政元素的融入设计是否符合教学规律，是否存在“两张皮”“硬融入”的现象。

2. 同行与专家听课

听课是最常见地对教师课程思政建设情况进行检查与评价的手段方法。无论是教育专家听课、同行教师听课，还是学校领导听课，都要严格遵循课程思政教学评价标准进行检查和评分。听课主要分析判断教师是否将课程思政教学目标细化落实到课堂教学全过程，是否将价值塑造自然融入知识传授和能力培养之中，课堂育人是否自然，如盐入水，润物无声，给予学生启发和思考。

听课不仅要“听其言”，还要“观其行”，不仅要听教师讲什么，还要观察、关注教师的教风教态、语音语调。因为，教师的言谈举止、仪容仪表会以隐性课程的方式对学生起潜移默化的教育作用，不能忽视隐性课程对学生的浸润、感染和熏陶。这些隐性课程可以助力课堂教学，以润物无声的方式达到育人效果。

3. 学生评教

学生评教是检验教师执教能力、提升教学质量的重要手段，是高校教学质量保障的基本制度。通过学生评教，学校管理部门可以了解学生对教师、对课程的满意程度，及时发现教学中存在的问题，为改进教学管理与服务提供依据。无论是面向教师还是面向课程的评价，评教过程中“教学内容丰富，在学习过程中有获得感”一直是学生关注的重点，也是课程思政教学评价的关键指标。

学生评教可以采用量表打分的方法，也可以采用学生主观描述反馈的方法。量表打分依据的是学生评教标准，评教标准的设计不能有明显的“课程思政”字样的文字表述。因为，课程思政是面向教师的教学改革，是对教师提出的课程育人要求，评教中出现“课程思政”的表述会让学生迷惑，不知何谓“课程思政”，更谈不上如何进行评价，影响评教的准确性。

主观描述反馈是一种切实可行的课程思政教学评价方法。收集学生对课程的描述性评价，并从一定数量样本的描述性反馈中，评价教师课程思政教学的优缺点和效果。在具体操作层面，教师可以在教学单元结束后，或者在期中、期末收集学生对课程教学、专业学习意义和专业学习兴趣等具体问题的匿名评价，教学管理部门通过信息化平台收集学生的评教记录。评教的内容包含学生对课程教学给他们认识世界、认识国家、认识专业带来影响的感悟，如果某些感悟出现频率高，经过与课程思政教学目标对比，可以直观地反映课程思政教学目标的达成情况。例如，“这是一门能带来深刻启发的精彩好课”的评价，就概括反映了学生对课程思政教学的理解和接受，是对课程思政教学效果最直观的评价。

二、课程思政教学工作评价标准设计

课程思政教学工作评价标准设计的关键在于建构评价指标和评价内容，无论是评价指标的设计还是评价内容的选择，都要以马克思人的全面发展思想为指导，体现立德树人教育理念，紧紧围绕课程思政教学活动进行。需要从教师、学生两个评价主体的视角，设计具体的课程思政教学工作评价标准。

（一）教师视角下课程思政教学评价标准

教师视角下的课程思政教学评价标准包括评价指标、评价内容和评价等级。评价指标是依据课程思政的内涵进行设计的，具体分为一级指标和二级指标，一级指标主要包括“课程、课堂、教师”三个维度。二级指标进一步细化一级指标内容。“课程”主要从课程目标、课程资源和课程设计三个层面进行设计；“课堂”则从教学方法、教学手段、成绩评定、教学效果四个层面进行设计；“教师”则从主讲教师、教师团队两个层面进行设计。评价内容是对评价指标的细化，应尽可能涵盖评价指标涉及的全部要素，同时突出实用性和可操作性。评价等级是依据评价内容的描述对评价指标认同程度进行级别评价的，采用由高到低 5 个等级评分法。1 级代表非常同意，2 级代表比较同意，3 级代表不太确定，4 级代表不太同意，5 级代表非常不同意。具体评价标准见表 6-1。

表 6-1　教师课程思政教学评价标准

评价指标		评价内容	评价等级（1~5 级）
一级指标	二级指标		
课程	课程目标	1. 体现全面发展、立德树人的教育思想和育人理念 2. 符合学校办学定位和专业培养目标 3. 态度、情感、价值目标符合社会需要及学生未来发展	
	课程资源	1. 从学科知识相关的生活实践、教学实践及科技实践中挖掘思政元素和育人资源，体现学科特点，反映学科前沿 2. 突出中国特色社会主义伟大实践与改革成就，课程资源丰富 3. 编写和选用融入思政元素的高质量配套教材	
	课程设计	1. 根据课程目标、教学内容、学生特点，找准课程思政切入点 2. 教学模式、教学过程、教学方法手段设计合理，恰当体现课程思政育人理念 3. 课程考核反映课程思政教学目标的要求	
课堂	教学方法	1. 注重创新课程思政教学策略和方法，积极采用启发式、案例式、问题式等以学生为中心的教学方法进行课程教学 2. 注意运用教学方法启发学生思考，引导点拨，帮助学生树立正确的世界观、人生观和价值观	

续表

评价指标		评价内容	评价等级（1~5级）
一级指标	二级指标		
课堂	教学手段	1. 推动课程思政与现代信息技术深度融合，创新课程思政教学手段，增强教学的亲和力和针对性 2. 利用视听技术、虚拟技术将思政元素呈现出来，突出生动性、鲜活性，强化学生感性认识，引起情感共鸣	
	成绩评定	1. 创新课程考核评价方法，增加对育人效果的考核 2. 完善课程考核标准，注重对学生思想素养的评价与考核	
	教学效果	1. 课程思政教学理念、方法、手段及实施效果显著，具有一定的辐射和推广价值 2. 学生评价高，学习满意度高	
教师	主讲教师	1. 具备良好的师德师风，政治立场坚定，为人师表，具有良好的教学风貌 2. 教学经验丰富，能准确把握课程思政建设方向和重点，具有课程思政教学和研究能力 3. 教学成果突出，育人成效显著	
	教学团队	1. 课程团队结构合理，均承担课程思政教学工作，分工明确 2. 建设目标明确，定期开展教学经验交流与研讨 3. 注意培养青年教师 4. 团队取得的课程思政教学成效显著	

（二）学生视角下的课程思政教学评价标准

学生视角下的课程思政教学评价也称学生评教，是学生对教师课程教学进行的评价。具体评价指标的设计要面向学生整个学习过程，即课前、课中及课后三个阶段。评价内容要从是否有利于学生更好学习的角度设计。因此，评教标准一级指标包括课前、课中、课后三个维度；二级指标进一步细化一级指标三个维度的内容。评价内容则是对二级指标涉及要素的深度解析。评价等级也采用由高到低5个等级评分法，同“教师评价标准”相同，具体见表6-2。

表 6-2　学生课程思政教学评价标准

评价指标		评价内容	评价等级（1~5 级）
一级指标	二级指标		
课前	学习任务	1. 学习目标明确，预习方向和任务具体，激发学习兴趣 2. 学习任务难度适宜，启发思考，鼓励实际操作	
	学习资源	1. 教材选用适当，易于专业知识的学习 2. 学习资源丰富，对拓宽专业学习的广度帮助较大	
	学习时间	课前预习时间充分，能保证完成预习任务	
课中	教学内容	1. 教学内容丰富，易于理解并掌握课程的重要基础知识 2. 教学重点突出，难点清晰，理论讲授与实践应用密切结合	
	教学方法与手段	1. 讲授清晰、生动，有吸引力，学生学习积极性提高 2. 灵活运用各种教学方法，启发思考，学生主动参与课堂讨论 3. 利用多媒体、音视频等教学手段授课，有助于理解和掌握知识	
	成绩考核	成绩考核要求明确，成绩评定公平合理	
	教风教态	1. 教师讲课情绪饱满，营造学习氛围，能引起强烈情感共鸣 2. 严格课堂管理，尊重学生差异，关注到每位学生	
	教学效果	1. 课堂学习氛围浓厚，学习效果良好，收获较大 2. 这是一门能带来深刻启发的好课	
课后	作业布置	1. 作业形式多样，综合性能力训练作业启发思考，锻炼能力，独立思考；动手操作完成的作业收获较大 2. 认真批改作业，及时反馈，评分公正合理	
	辅导答疑	1. 辅导耐心，答疑及时 2. 关注学生其他合理诉求，及时给予反馈与指导 3. 辅导过程中给予未来职业发展的指导与关怀	
	学习收获	1. 系统掌握所讲授内容，有获得感、成就感 2. 喜欢并热爱本专业，增强专业自信 3. 爱国敬业、诚实守信、职业道德等方面收获较多	

第三节　课程思政学习成效评价

课程思政教学评价既要评价教师，也要评价体现在学生身上的学习成果和育人成效。对学生的评价一般围绕知识、能力、情感、态度和价值观等目标进行。知识与能力目标是学生学习结果的主要评价指标，通过课堂提问、课后作业、期中期末考试的形式可以实现较准确的评价。而情感、态度和价值观等目标难以量化，具有内隐性，对其评价相对困难，是课程思政教学评价的重点。教学实践中有的教师认为，课堂教学中无需评价学生的思想、情感、态度和价值观的成长与变化，以课程考试成绩代替育人效果评价，如何破解这个难题？课程育人成效评价表面上是对体现在学生身上的课程育人效果进行检查和评价，实际上更重要的是通过评价向学生传递要坚定理想信念，要有爱国情怀，要加强品德修养，要保持奋斗精神的教学要求。只有在课程成绩评定中增加对学生思想觉悟、品德修养、意志品质、行为习惯的评价，规范约束、教育引导的功能才能充分发挥出来。因此，要坚持对学生情感、态度和价值观的评价，表面上是对课程育人效果进行检查，实际上更重要的是帮助学生养成良好的行为习惯，提升学生个人素养，完善道德品格。

一、课程思政学习成效评价关键要素

（一）评价内容

课程思政视角下，面向学生的评价主要是对学生思想、情感、态度、价值观等方面达到何种程度、水平的评估。不同专业、不同课程，课程目标不同，素质要求也不同，评价内容和指标也会有较大不同。例如，有些课程育人目标在于培养学生的理想信念、爱国情怀；有些课程则强调提升职业素养、道德品质。因此，本书只概要介绍情感、态度、价值观三个课程目标的一般性内容与要求。

1. 情感

教学目标中涉及的情感，是个体以实际行动追求真实、美好目标时的内心体验，主要指一个人的感情指向和情绪体验，即人对什么感兴趣，表现出好奇、兴奋、满意等情绪；对什么不感兴趣，表现出厌恶、不高兴等情绪。情感不仅包括学习热情和学习兴趣，还包括爱、快乐、审美情趣等丰富的内心体验。

由于情感内涵的丰富和复杂，教师在观察和评价学生的情感时会遇到许多困难和疑惑。从课程思政教学实践看，可以选取易于观察又相对重要的情感体验作为评价的指标，从最基础层面评价学生的真情实感。例如，学生对专业学习的兴趣：是否课前做好学习准备；是否积极参与课堂讨论、课后实践等活动；是否经常向教师请教与课程相关的问题；在课堂讨论时是否情绪饱满、感情充沛。还可以评价学生在师生互动、生生互动中的情绪反应。例如，是否虚心接受老师的指导和批评，是否尊重不同意见同学的观点和建议等。在实习实践、志愿服务等实践类课程中，可以评价学生爱岗敬业情况，例如，在实践活动中是否热爱实习实践的工作内容、遵守实习单位管理规定和要求，是否积极参加组织的各项活动等。

2. 态度

态度是指个人对某一特定对象所持有的评价总和与内在反应倾向，不仅指学习态度、学习责任，还包括乐观的生活态度、求实的科学态度、宽容的人生态度等。态度是个人较为稳定的情感倾向。

对学生态度的评价相对广泛，包括对学科的态度、对学习的态度、自己的态度、他人的态度和相关教学活动的态度等。在课程思政教学目标要求下，可以评价学生遵守校规校纪的情况，例如，是否按时出勤，是否遵守学校管理规定，是否遵守课堂、考场纪律等；还可以对学生学术诚信情况进行评价，例如，平时作业、毕业设计（论文）、社会调研是否存在雷同、抄袭等学术不端的现象；也可以分析学生在各项学习活动中是否表现出勤奋刻苦、独立思考、自尊自信、谦逊宽容的态度。对于实践类课程或活动，可以评价学生在志愿服务、项目竞赛等活动中热情服务、甘于奉献、团结协作，顽强拼搏的积极乐观精神和态度等。

3. 价值观

价值观是指一个人对周围的客观事物（人、事、物）的意义、重要性的总评价和总看法。对学生进行价值观教育要强调个人价值与社会价值的统一，科学价值与人文价值的统一，人类价值与自然价值的统一，帮助学生坚定对真善美的追求，树立人与自然可持续发展理念。

价值观是一个相对宽泛而抽象的概念，在课堂学习过程中对学生价值观进行评价并非易事。可以尝试从对知识价值的看法，对学业要求的认同，对理想信仰的思考，对所在组织的认可等方面考察。例如，评价学生是否认同所学知识的价值性和实用性，是否认同自己对社会发展的贡献性，是否积极克服学习困难，形成独立自主学习的习惯，是否认同社会主义核心价值观的内容，是否认可所在班级、学校的文化及氛围等。

对学生情感、态度、价值观的评价，不能作为课程成绩构成中的独立部分，应将其融入出勤、课堂讨论、课后作业、课程报告、期中期末考试等具体成绩评定中，在对作业、报告、考试进行成绩评定、打分时，可以考虑增加情感、态度、价值观的评价，使成绩评定更加符合教学目标的“五维”要求。

（二）评价时间

1. 课程教学期间

对学生学习成效的评价在整个课程教学期间都可以进行，评价是以课程成绩的形式表现的。例如，人力资源管理专业“企业文化”课程的课堂教学中讨论某公司的“加班文化”，学生的回答在一定程度上反映其工作态度、职业价值取向，教师评分不仅要对学生回答的正确与否进行评定，还要对学生的做事态度、价值观进行评定。再比如，艺术类专业课程“住宅空间设计”的成绩考核，是通过学生创作的艺术作品检查学生情感内化的程度。课程要求学生从人本关怀的角度进行住宅空间的设计，通过对学生作品设计理念和思路的考查，检查学生在完成作品时，是否本着以人为本、为客户服务的理念进行设计和创作的，并将检查结果以作品成绩的形式呈现出来。

2. 实践活动期间

课程思政育人成效不是在课程教学期间立刻体现出来的，育人成效是一个长期考核的过程，因此，在课程结束后仍要对课程思政育人效果进行持续追踪与考察。尤其是学生在校期间参加的志愿服务、社会实践、参军入伍、入疆入藏、西部支教等实践活动，是检验课程思政育人成效的关键内容。通过学生的活动参与率、社会影响力、第三方评价反馈、学生自我反馈等检验课程思政育人效果。这些评价无法纳入具体课程成绩评定中，属于课程育人持续性成效，属于课程思政教学改革后评价。

3. 学生毕业离校后

课程思政育人成效具有迟效性，在课堂教学、实践活动过程中很难及时、客观评价出来，有些目标要在学生毕业后工作时才能考察出来。因此，课程思政育人质量和社会效益最终要由社会工作实践检验，在学生毕业离校后，对其工作表现进行追踪调查，才能更有效地评价一所学校、一个专业的课程思政育人质量。而毕业后的评价严格意义上属于教育质量评价，不是狭义的课程思政教学评价。

（三）评价方法

一般情况下，对学生学习成果的评价主要采用考试、测验、作业、提问等方式。采用这些方式评价时，多设计一些开放性题目，让学生充分表达自己的观点、看法和意见，从学生表达中分析评价学生在情感、态度、价值观上的收获。当然，仅凭借这些方法无法全面测评出学生的情感状况，还可以采用教师观察、问卷调查、个别谈话的形式。

1. 教师观察

对学生情感的评价可以采用教师观察的方法。教师直接观察学生言行举止、喜怒哀乐等情感状态及其发生的特定环境，据此对学生的情感水平做出分析评价。例如，观察学生是否经常迟到、缺课，是否认真听课，是否积极参与课堂讨论与交流，是否大胆表达自己的观点等。通过观察，教师可以直接了解学生对课程学习的兴趣，了解学生对教师授课的满意度，进而评价学生的情感状况。

对学生态度的评价也可采用观察法，观察学生是否能够承担自己在班级、小组中应该承担的任务，是否能够接受他人的合理意见，是否愿意与同学（教师）交流有关专业的问题等。教师只有坚持在教学过程中持续不断地进行观察和研究，才能把握学生在专业学习、实践活动、同学关系方面较为稳定的行为习惯和倾向，再根据学生外在表现推及他的相关情感和态度。

2. 问卷调查

在教学实践中仅靠观察难以对学生的整体情感状况做出准确评价，问卷法是评价学生集体情感状况较为常见而有效的方法。教师事先准备好调查的问题，以无记名的方式进行调查，可以避免学生产生心理压力，使学生放松、大胆地表达自己的想法。例如，了解学生在学习某门专业课程后，对学科、专业的喜好或者喜好程度有没有变化。可以设计这样的问题，“与上学期相比，我认为人力资源管理专业____①越来越有意思；②差不多；③没意思”。通过学生自评在专业学习方面是否有获得感，可以评价学生对专业的兴趣、喜好等情感、态度方面的变化。问卷调查要围绕教学目标精心准备和设计问题，给学生留有充分的时间和空间回答问题，以此获得全面、大量的情感、态度和价值观信息，这样才能提高评价的可信度和有效性。

3. 个别谈话

个别谈话是一种与被评学生面对面自由交谈、交流情感，以获取评价信息的方法，通常在课后辅导答疑时采用这种方法。个别谈话法能更直接、有效、深入地了解学生情感状态，了解学生的思想变化、价值内化情况。对学生进行个别谈话，教师要事先精心准备一些问题，谈话内容围绕预定目的进行，评估学生情感、态度、价值目标达到的情况。例如，汉语言文学专业的“比较文学”课程，学生在学习某一文学作品后，可以让他谈谈自己的真实想法和感受，作品中最触动他的地方，最喜欢的片段等，让学生充分表达对具体问题的看法。通过交谈深入分析、评价学生的内心情感。谈话要准备简要的开放性问题，让学生大胆、充分地说出自己的真实感受和想法。

除以上方法外，还可以采用学生互评、自我报告、作品分析等方法，全面、深入了解学生情感、态度、价值观的成长和变化情况。采用以上方法进行评价可以依托雨课堂、问卷星等现代信息技术手段，及时获取调查结果。无论采取哪种方式，评价之后都应及时记录评价结果，为客观、公正评定学生成绩提供依据。

（四）评价主体

无论是课堂教学还是实践活动，对学生情感、态度、价值观的评价，应坚持以主讲（指导）教师评价为主，同学评价、校外评价为辅的方式。主讲（指导）教师评价是由课程主讲教师，科研项目、学科竞赛的指导教师进行评价。主讲（指导）教师全程参与学生的学习、项目、竞赛的指导工作，对学生了解比较全面，评价也更准确。同学是学生在学习活动中的合作伙伴，通过共同学习和讨论，彼此熟悉了解，同学评价会更客观。同学互评可以培养学生公平公正的职业素养。校外评价主要由学生实习实践的企业和志愿服务机构进行考核评价，评价更注重专业性、实用性。

二、课程思政学习成效评价参考标准

对学生学习结果的评价，因每位教师承担课程不同，评价指标、内容也有差异，因此，难以设计一套统一的评价标准。各门课程要围绕课程的教学目标设计具体评价指标与评价内容，评价指标与内容不仅要反映知识、能力的要求，更要聚焦情感、态度、价值观三个维度，体现专业人才培养目标的要求和课程的特点。总之，课程思政理念下面向学生的学习成果评价，不是评价学生在情感目标上得多少分、在态度目标上得多少分，而是提醒广大教师在开展课程思政教学实践时，要注意对情感、态度、价值观等目标的关注和考察，并将对这些维度的考核融入成绩评定中，同时将考核理念传递给学生，以此约束、规范、引导和培育学生，只有这样才能将课程考核的育人功能充分发挥出来。

情感、态度、价值观维度的评价指标可按照布鲁姆情感领域教育目标分类理论由低到高进行设计，低级目标表现为觉察、愿意接受、积极愉快反应等。高级目标是价值倾向、价值体系化及性格化。学生将价值与个人行为相联系，将各种价值标准加以分析比较和系统化，并达到情感内化、价值内化。情感、态度、价值观等维度评价标准，可为广大教师制定课程考核标准提供参考和借鉴（见表6-3）。

表6-3　学生学习成效评价标准

评价指标		评价内容	评价方法	成绩构成
一级指标	二级指标			
情感	专业兴趣	1. 积极参与课堂讨论，大胆表达自己的想法 2. 对学习新知识具有浓厚兴趣 3. 主动发现专业问题，积极探究，寻求解决办法 4. 对教材、课后学习资料中的专业问题感兴趣	教师观察	出勤 课堂表现

续表

评价指标		评价内容	评价方法	成绩构成
一级指标	二级指标			
情感	尊师爱课	1. 认真听课，积极思考，文明礼貌 2. 对教师布置的学习任务愿意接受，没有为难情绪 3. 遵守课堂管理规定，维护课堂教学秩序	教师观察	课堂表现 作业、 报告
态度	专业自信	1. 主动参与教师组织的课程实践活动 2. 愿意与同学交流有关学科、专业的问题 3. 能用专业思维方法分析客观世界、客观事物	教师观察 作业分析	课堂表现 作业、 报告
	学习态度	1. 按时到课，做好课前准备 2. 经常提问、自觉学习 3. 积极参加课外活动，努力做好每次作业 4. 勤奋刻苦、独立思考，不抱怨学习、作业的要求和难度	教师观察 个别谈话	作业、 报告
	学术诚信	1. 平时作业、毕业设计（论文）、社会调研报告不存在雷同、抄袭、剽窃他人成果的现象 2. 不存在伪造或篡改数据、文献，捏造事实的现象 3. 不存在未经他人许可，不当使用他人署名的现象	作业分析 学生互评	作业、 报告 课程论文
	团结友善	1. 完成团队任务（作业）过程中相互支持、相互配合，互相尊重，表达感谢 2. 对待同学礼貌友好，豁达宽容、积极向上	学生互评	小组作业
价值观	理想信念	1. 自觉宣传、弘扬民族精神、时代精神，维护国家利益和民族团结 2. 有远大理想、抱负，信念坚定	课堂提问 作业分析 个别谈话	课堂表现 作业、 报告
	敬业精神	1. 自觉养成良好的职业道德，职业品质 2. 自觉践行职业精神和职业规范，有职业责任感	教师观察 实践活动 作业分析	课堂表现 作业、 报告

续表

评价指标		评价内容	评价方法	成绩构成
一级指标	二级指标			
价值观	遵纪守法	1. 遵守法律法规，遵守校纪校规，正确使用权力，依法履行义务 2. 敢于批评、制止违法违纪行为，善于与违法违纪行为斗争	教师观察 作业分析	课堂表现 作业、 报告
	道德修养	1. 遵守社会公德，弘扬传统美德，热爱公益 2. 为人诚实守信、宽容豁达、待人礼貌 3. 尊重他人劳动成果	教师观察 作业分析 学生互评	课堂表现 作业、 报告

在高校课程思政教学实践中存在诸多需要突破和探索的难题，其中课程思政教学评价是需要尽快解决的问题。从教师教学、学生成长两个维度进行课程思政教学评价标准设计，明确课程思政教学评价关键要素，构建课程思政教学评价指标体系，为课程思政教学评价提供指标依据。只有严格依据评价标准进行评价，课程思政教学改革才能落到实处，才能推进课程思政教学改革的深化。

第七章 课程思政教学保障

第一节　组织保障

课程思政建设是一项系统工程，不是教师个人行为，课程思政教学改革需要学校上下一盘棋，统筹联动，制定方案，健全机制，协同推进。学校是课程思政建设的总体设计者，规划部署课程思政总体方案；学院是课程思政建设的重要推进者，组织推进课程思政建设进程；系部是课程思政的具体组织者，负责落实课程思政建设方案；教师是课程思政建设的直接实践者，直接将课程思政育人理念落实到课程教学全过程。只有建立党委统一领导、党政齐抓共管、职能部门牵头联动、院系落实推进，才能为课程思政教学改革提供有力保障，课程思政建设才能落到实处。

一、学校党委统筹部署

学校党委是课程思政建设的总设计者，在课程思政建设过程中要发挥学校党委的领导作用。坚持理论提升与实践深化同步推进，把课程思政建设作为落实立德树人根本任务的基础性工作，推进课程思政育人理念贯通人才培养全过程，提升人才培养质量。

（一）做好顶层设计

做好顶层设计是提高决策科学化水平、增强实施效果的客观要求。学校党委是落实立德树人根本任务的第一责任人，要切实履行主体责任。从培养社会主义建设者和接班人的高度认识课程思政，明晰课程思政建设思路，形成建设方案、推进举措。将课程思政纳入学校改革发展重要议事日程，制定课程思政建设“路线图”，确保方案有部署、有落实、有检查、有保障、有激励。

（二）开展课程思政研究

组织开展立德树人相关专题理论学习，在常学常新中提升对专业思政、课程思政、立德树人的认识。带头开展课程思政理论与实践研究，努力构建和完善指导学校课程思政建设的理论体系。带头开展主题宣讲，统一思想，澄清课程思政实践误区，为课程思政教学改革指明方向。

（三）加强宣传报道

加强对学校课程思政建设的宣传报道，浓郁学校立德树人的氛围，扩大课程思政改革的影响力。总结凝练课程思政建设成果，开展课程思政经验交流，共享课程思政建设资源。

二、职能部门协同联动

学校职能部门在课程思政建设中发挥着分别牵头、协同推进的作用。不同部门有不同的课程思政建设任务，各部门立足部门业务职责，在所牵头的相关工作中自觉落实育人要求，主动落实推进课程思政建设责任。

（一）责任落实到位

各部门主动推进课程思政建设，履行好课程思政建设职责。例如，学校教务部门，完善优化并有效落实专业人才培养方案和课程教学大纲，推动专业思政、课程思政教学体系的形成；完善教学管理制度，把课程思政理念和要求融入教学管理各方面；开展课程思政示范课程、优秀教师的认定，推广课程思政教学经验和改革经验。学校人事部门把课程思政纳入对教学系部、科研单位和教师个人的绩效考核、评奖评优范畴，作为教师培训、职称晋升、岗位聘任、人才项目评选的必备条件。校党委宣传部门把课程思政纳入教职工政治理论学习内容，宣传课程思政建设成果，开展课程思政建设交流。教师教学发展中心将课程思政纳入新教师入职培训、新晋升教师培训、教学能力培训的必修内容。

（二）持续推进到位

各职能部门持续开展课程思政建设，着力打造部门牵头负责的“品牌性活动”。例如，校党委宣传部门定期开展师德论坛、立德树人论坛、课程思政建设展等活动，加强对学校课程思政建设成效进行宣传报道；校教务部门定期开展课程思政教学专题的研究、课程思政教学比赛、课程思政教案设计比赛等活动，搭建交流研讨平台，推进教师间的学习观摩；校科技部门定期组织开展课程思政、大思政课、“三全育人”等课题的研究。

三、学院党委有序推进

在课程思政建设中，学院党委重点发挥课程思政重要推动者的作用，要建立学院层面课程思政落实机制，推进课程思政有效实施，凝练学院课程思政建设特色。

（一）制定院级课程思政建设方案

学院党委要把课程思政建设纳入学院重要工作，按照学校部署要求，结合学院实际，制定并落实院级课程思政建设方案，厘清建设思路、明确实施路径，不断优化机制，持续提升育人效果。

（二）健全和完善课程思政建设机制

建立学院层面的课程思政动员培训、持续推进、示范引领的落实机制，形成彰显学院特色的课程思政建设品牌。例如，建立将课程思政育人理念融入教学管理各环节的机制。具体包括围绕专业人才培养方案和课程教学大纲的实施，加强课程思政教学设计管理，把相关要求细化到讲义、教案、课件等教学文件中；加强课堂教学管理，将课程思政建设要求纳入听课、督导、教学检查等工作中；加强作业和考试管理，把课程思政教学要求体现到学生课程作业和课程考试等考核管理中；加强教学评价管理，把课程思政评价要求融入教学评价工作中，探索建立教师课程思政评价制度。例如，建立持续推进机制，推动各部门立足部门职责，协同推进课程思政建设，形成育人合力；设立院级课程思政建设项目，以项目推进课程思政建设成效等。再如，建立示范引领机制，选树一批课程、课堂、教师、团队、教材等课程思政建设先进典型，发挥模范带头作用，推广建设经验和做法，形成广泛开展课程思政建设的良好氛围。

（三）凝练课程思政建设特色

结合学院学科、专业特点，加强总结凝练，形成课程思政建设的鲜明特色。通过宣讲、培训、会议等方式，把学院课程思政特色加以落实，体现在学院教育教学全过程。

四、教学系部全面推动

教学系部是课程思政建设的直接推动者，在课程思政改革实践中，要充分发动教学系部每位教师开展课程思政建设的积极性、主动性，形成人人讲育人的良好格局。

（一）充分发挥基层教学组织的作用

教研室、教学团队、课程群是基层教学组织，是课程思政的直接实施者，要明确其在课程思政建设中的任务，分工协作、各负其责，合力推进课程思政教学改革。建立课程思政集体教研制度，共同备课，研讨交流，提升教师课程思政建设意识和执教能力，培育课程思政示范课程。

（二）立足专业开展课程思政建设

坚持专业思政和课程思政一体化设计与实施，制定专业思政建设方案，一体化推进课程思政建设。把课程思政理念融入专业人才培养目标、培养要求、课程体系、教学大纲、教案编写、课件制作等教学要素。引导教师立足专业开展课程思政建设，体现课程思政建设的专业规定性和教师开展课程思政的相对自主性。组织编写、出版体现课程思政要求的教材、讲义、教学资料，固化课程思政建设成果，形成具有专业特色的课程思政教学改革成果。

（三）充分发挥教师党支部的作用

发挥教师党支部课程思政建设重要推动者和组织者的作用，把课程思政建设列入教师党支部年度工作计划，列入支部教职工政治理论学习内容。开展集体教研活动，探索教师党支部推进课程思政和专业思政建设的机制和方法。落实校院课程思政建设任务，把课程思政建设纳入组织生活会、民主评议党员、谈心谈话等组织生活和主题党日活动中，推动支部自身建设与课程思政、专业思政建设同步提升。

总之，教学系部是课程思政建设最基础单位，要统筹发挥专业负责人、系部主任、教师党支部的作用。既要发挥好专业负责人作为专业思政组织者和实施者在专业调研、人才培养方案设计等方面的作用；又要发挥好系部主任作为直接管理者在启动推进、融入教学、检查督促等方面的作用；还要发挥教师党支部书记作为重要推动者的促进作用。系部党政同责合力推进课程思政建设的不断深化。

第二节　条件保障

课程思政是涉及全体教师的教学改革工作，要确保课程思政教学改革顺利进行，就要有相应的条件支持和制度做保障。要全面完善学校管理制度，搭建育人保障平台，提供充足的人力及资金保障。只有在各项保障机制上下功夫，才能为课程思政建设铺好路，不断推进课程思政改革的步伐。

一、制度保障

课程思政是落实立德树人根本任务的基础性工作，是加强和改进高校思想政治工作的重要举措，要深刻把握课程思政作为立德树人根本任务落实机制的实践要求，重点在以制度建设为核心的体制机制上下功夫。课程思政建设要有明确的制度，才能保障高校教学改革"行稳致远"。课程思政建设制度要对课程思政干什么、怎么干、谁来干等问题进行全面部署，从制度层面为系统推进课程思政教学改革提供保障。

（一）课程思政建设方案

课程思政建设方案是高校课程思政教学改革正式启动前、阶段性任务实施前制定的详细计划和策略。课程思政建设方案可以帮助高校和院系有效规划、组织实施课程思政建设工作。课程思政建设方案要明确课程思政建设的指导思想、基本原则、建设目标、建设内容、建设进度、建设要求等。学校层面的课程思政建设方案要从宏观层面全面规划课程思政建设工作；学院、系部层面的课程思政建设方案主要立足部门工作职责，从微观层面明确落实学校课程思政建设方案的具体计划和实施措施。课程思政建设方案是课程思政教学改革顺利实施的关键要素，通过校、院、系多维度制定和执行课程思政建设方案，才能提高课程思政建设效率，保证学校课程思政教学改革顺利进行。

2017年至今，北京联合大学先后出台了课程思政、专业思政、"三全育人"、大思政课等保障课程思政教学改革顺利实施的方案。代表性的有《关于推进课程思政建设的实施意见（2017—2018）》《关于深化课程思政建设，落实立德树人根本任务的实施意见（2019—2020）》《关于推进专业思政建设的实施意见（2020）》《关于推进教师党支部落实课程思政建设制度化的实施意见》《北京联合大学课程思政规范化建设基本标准》《关于全面深化课程思政建设的意见（2020）》《关于办好新时代"大思政课"的实施意见（2021—2022)》等。其中，2017 年出台的《关于推进课程思政建设的实施意见》中，明确提出了课程思政建设的“七有”目标，即“学校要有氛围、学院要有特色、专业要有特点、教师要有风格、成果要可固化、课程要有品牌、教师要有榜样”。规定明确了学校各单位课程思政建设方向和要求。北京联合大学课程思政建设系列文件的出台，为学校各单位全面合作、深化课程思政建设提供了政策支持和制度保障。

（二）课程思政建设标准

课程思政建设标准是对课程思政建设成效进行评价的依据，是推进课程思政建设规范化和科学化的保障。在课程思政建设过程中，学校顶层设计、课程思政教学设计与实施、教师队伍建设、激励与保障机制等，都是影响课程思政建设的关键要素，也是评价课程思政建设成效的指标，构建课程思政评价体系的主要内容。因此，课程思政建设标准要围绕三个方面进行内容设计。

1. 学校顶层设计

学校党委作为顶层设计者要从中国特色高等教育制度层面认识课程思政，将课程思政作为落实立德树人根本任务的基础性和全面性工作；积极推动思想政治工作体系贯通人才培养体系，构建各类课程与思政课同向同行的育人格局；制定课程思政建设方案并推进相关制度方案的落实，形成一套行之有效的领导机制、管理机制、实施机制、监督机制和激励机制，保障课程思政建设有序推进。

2. 课程思政教学设计与实施

教师层面课程思政建设重在课程思政教学设计，即对课程目标、思政元素、教学方法手段、教学评价、教材等课程元素进行设计和规划。课程思政目标要体现政治性、思想性、教育性，要将态度、情感与价值目标融入课程目标中；要加强对思政教学资源的开发和建设，提高思政元素的针对性和实效性，发挥思政元素在课堂教学中的价值引领作用；要恰当利用现代化信息技术手段，选用合适的、多元的教学方法组织开展教学，增强思政育人的效果。此外将思想政治教育融入校园文化活动、课堂气氛营造、课后辅导答疑、实习实践活动中，通过环境和活动增强学生学习兴趣，启发学生思考，完善道德品格。课程思政教学评价既包括显性的课程思政教学评价，也包括隐性的课程思政教学评价，要构建“显性课程+隐性育人”模式的全方位课程思政教学评价体系。

3. 教师队伍建设

课程思政建设质量不仅要评价课程建设质量、教师课程思政教学能力，还要评价师德师风和教师的思想政治素养。因此，要把师德师风建设作为课程思政建设的重要内容，把师德师风作为评价课程思政质量的标准。将课程思政教学评价与师德师风评价有机结合，在绩效考核、职称晋升、评奖评优等环节突出对教师师德师风的考核，建立师德考核机制和师德师风长效机制。

（三）课程思政质量监控和督导机制

课程思政质量监控是学校依据一定的标准对课程思政教学质量进行监督、评价、检查，以维护和提高课程思政教学质量的管理活动。学校为提高课程思政教学质量要运用科学手段对影响教学质量的要素进行控制，使各环节的质量管理有效运行而形成一个不断提高教学质量的有机整体，即课程思政教学质量保障体系。构建课程思政教学质量保障体系，不是重新建构一个教学质量检查、评价、监督、控制的体系，而是在已有的教学质量监控体系基础上，融入课程思政的要求和内容，监督课程思政教学改革的质量和效果，指导课程思政教学实践。具体说，将课程思政教学相关要素，如教学目标、教学资源、教学过程、教学评价等进行完善和优化，融入思政元素、体现思政特点，达到监控课程思政教学改革与质量提升的目的。

监控、监督不是建立课程思政教学质量保障体系的目的，课程思政建设重要的是通过监督、检查发现课程思政建设过程中存在的问题，提供具体的改进建议，促进课程思政教学持续改进。因此，需要建立课程思政质量督导机制，以此促进课程思政教学的规范化，提高课程思政教学质量和教师课程思政执教能力。

二、经费保障

课程思政教学改革是涉及课程、教师、学校的系统工程，持续推进课程思政建设需要长期稳定的经费支持。《高等学校课程思政建设指导纲要》

中对课程思政建设经费保障提出了明确要求，“各地教育部门要加强政策协调配套，统筹地方财政高等教育资金和中央支持地方高校改革发展资金，支持高校推进课程思政建设”“地方高校要根据自身建设计划，统筹各类资源，加大对课程思政建设的投入力度”①。可见，建设经费是保障课程思政教学改革顺利推进的重要因素，各高校要统筹规划课程思政建设经费。

首先，加大课程思政建设经费投入力度。学校要明确课程思政建设是落实立德树人根本任务的要求，要切实贯彻落实《高等学校课程思政建设指导纲要》的精神，加大课程思政建设的经费投入力度，每年保障有固定经费投入到课程思政教学改革和资源建设中。

其次，拓宽课程思政建设经费的来源渠道。学校主管部门统筹课程思政师资培训、师德师风培训经费，解决教师参与课程思政相关培训经费紧张，资金不足的问题，广泛调动教师参与课程思政建设的积极性。

最后，加强预算管理，提高课程思政建设经费的使用效率。预算管理是学校经费精细化管理的有效保障，要建立精细化预算管理体系，细化课程思政建设经费预算。明确课程思政建设经费监管部门，系统规划资金使用方向，规避因资金使用不当产生的消解课程思政建设效果的现象，保证经费使用合理。

三、激励机制

课程思政是涉及全体教师的教学改革工作，要动员全体教师积极参与课程思政建设。学校要组建专门的课程思政负责机构，选树课程思政教学名师和团队，开展课程思政教学培训、课题研究，组织课程思政示范观摩活动，从学校、学院、系部等层面激励教师开展课程思政建设，完善课程思政建设机制。

首先，选树课程思政教学名师和团队。评选学校层面、学院层面的“课程思政优秀教学团队”“课程思政优秀教师”“课程思政示范课程”

---

① 中华人民共和国教育部．高等学校课程思政建设指导纲要［EB/OL］.（2020-06-01）［2022-03-25］. http：//www.moe.gov.cn/srcsite/A08/s7056/202006/t20200603_462437.html.

“课程思政先进党支部”，推出课程思政建设先进团体和个人，表彰优秀典型，宣传和推广优秀成果，发挥榜样示范引领作用。

其次，开展课程思政课题研究和经验交流。学校设立课程思政建设研究项目，鼓励广大教师结合所在专业、所授课程开展课程思政理论和实践研究，并对研究成果进行经验交流，在交流研讨中将课程思政育人理念入脑、入心。

再次，组织课程思政示范观摩活动。搭建课程思政示范课程展示平台，聘请课程思政建设经验丰富、成效显著的教师进行现场指导，所有教师参与课程思政示范课的建设和评比，调动广大教师课程思政建设的积极性。

最后，将课程思政建设作为教师岗位聘任、职称晋升、评奖评优的评选指标，作为各类人才选拔的重要考核标准，真正发挥课程思政的激励作用。

第八章
课程思政教学文件

第一节　教材

教材是学校教育教学的基本依据，是体现党和国家意志、传播国家主流意识形态的载体。党的十八大以来，党中央高度重视高校教材建设，做出了一系列重要指示批示。2017 年，中共中央国务院印发《关于加强和改进新形势下高校思想政治工作的意见》，明确强调要使“中国特色社会主义理论体系进教材、进课堂、进头脑”（简称“三进”）。“进教材”是把党的理论创新成果充分体现在教材中，实现理论体系向教材体系的转化。2021 年，国家教材委员会印发《习近平新时代中国特色社会主义思想进课程教材指南》，明确提出要全面落实习近平新时代中国特色社会主义思想进课程教材，实现习近平新时代中国特色社会主义思想进课程教材的整体布局与分科安排科学有序，各学科、各学段全面覆盖，思想内涵充分阐释，学习要求循序渐进、螺旋上升，全面提升课程教材铸魂育人功能。2022 年，党的二十大报告中首次提出要“加强教材建设和管理”，将教材建设提到了前所未有的高度。教材建设直接关系高校人才培养方向和质量，新时代高校教材建设要以习近平新时代中国特色社会主义思想为指导，依据不同学科专业特点，将课程思政的育人理念融入教材建设的全过程。

一、高校专业教材存在的主要问题

一直以来，高校专业教材在内容选择上比较强调理论性、知识性，同类型教材内容交叉重复，启发性、先进性不足的问题比较突出。例如，有人认为财经类教材存在“教材思政功能的淡化和教材理论体系的西化，导致教材内容思政元素不足”“中国本土财经理论反映不够”等问题①；有人认为，美学教材存在“理论与实践脱离，内容西方化、多民族审美文化缺失、与当前学术前沿疏离”等问题②；有人认为，英语教材存在“选材的

① 张洪君，王臣申．课程思政视域下高校财经类教材高质量发展路径研究［J］．中国出版，2021（9）：55-59.

② 何飞雁．高校美学教材存在的问题探析［J］．教育评论，2016（7）：139-141.

时代性与趣味性不强、中华文化融入不足”的问题①；还有人指出，“教材内容陈旧，无法解释出现的新问题”②；等等。由此可见，高校专业教材的思想政治教育功能未能充分发挥，教材编写中未能有效融入思政元素，融入的思政元素未能体现时代特点和要求。这是当前高校专业教材编写存在的主要问题。

（一）未能充分发挥思想政治教育功能

高校专业教材要有明确的目标和编写计划，在综合考虑学校人才培养定位、专业培养目标要求和学生成长需要的基础上确定教材内容体系。在教材编写前确定教材的理论知识体系和技术方法体系，明确内容重点和难点，设计相应的案例和阅读资料，编写课后思考题，引导学生应用所学理论和方法解决专业实际问题。这是高校教材编写通常遵循的逻辑，在这个过程中，教材编写者比较重视基本理论、基本知识、基本技能的设计和体系建构，强调内容的科学性、专业性和实用性，容易忽略教材的政治思想性、教育性和时代性的要求。在贯彻习近平新时代中国特色社会主义思想，弘扬社会主义核心价值观，深入推进中国特色社会主义理论体系进教材，充分发挥教材的思想政治教育功能方面明显不足。

（二）没有融入思政元素

高校教师在编写专业教材时存在一定的认识误区，认为课程思政是对课程的要求，教材中未融入思政元素也无大碍，只要教师在课堂讲授中融入思想政治教育就达到了课程思政的要求。基于这种认知，在编写专业教材时未将思政元素有效融入教材内容之中。在教育学视角下，教材不仅是教师教学的主要依据，帮助教师实现教学目标；也为学生学习提供参考与指导，能帮助学生更好地理解和掌握专业知识，明确学习的方向和重点。将思政元素融入教材，可以让学生在大学阶段获得更好的价值引领、人格教育，引导学生树立正确的世界观、人生观、价值观。这不仅是人才培养的要求，也是课程思政建设的重要实现路径。

---

① 张虹，李会钦，何晓雁．我国高校本科英语教材存在的问题调查［J］．外语与外语教学，2021（1）：65-75，147.

② 郭洪涛．高校“政治经济学”课程思政强化路径研究［J］．兰州职业技术学院学报，2021，37（1）：81-83.

（三）思政元素挖掘不够充分

高校专业教材编写要融入哪些思政元素没有统一要求，为此，有些教师在编写教材时突出职业精神和职业规范，有些教材则突出学科前沿的新技术、新理论，补充学科的新观点、新成就和新趋势。教材的编写和修订充分体现经济社会发展和科技进步，紧跟世界科技发展前沿，是非常重要的原则。但是，除了突出科学性、前沿性，教材编写时还必须将时代性与思想性贯穿其中，也就是说，要坚持推进中国特色社会主义理论体系进教材，将习近平新时代中国特色社会主义思想、社会主义核心价值观、中华优秀传统文化、宪法精神和法治思想、职业理想和职业道德等内容融入教材的编写和修订中。教材里体现的思政元素应当是全方位的，所有促进经济和社会快速发展、人与自然和谐共存，促进人的全面发展和进步的要素都可以是思政元素。含有这些要素的思政资源是充足的，但有些专业教材对丰富的思政资源开发明显不够，对可融入本专业教材的思政元素的挖掘尚有不足。

二、党的二十大精神融入教材的要求

深入学习宣传贯彻党的二十大精神是高校当前和今后一个时期的政治任务，积极推动党的二十大精神进教材是高校的重要使命。把党的二十大精神写进教材要遵循教材编写自身的规律性，并不是把党的二十大报告的内容详细写进教材。党的二十大精神进教材，是在教材总体结构基本不变的情况下，有序地加强教材内容建设，融入新思想，反映新实践，针对相关教学内容给予适当修改，这是党的二十大精神融入教材内容的基本遵循。不是生搬硬套，切忌教材内容和党的二十大精神“两张皮”。在编写和修订过程中，要掌握好党的二十大召开的时代背景，依据高校人才培养目标和不同学科的专业特点，将二十大精神的最新理论成果融入教材，完善教材内容和体系，给学生学习、教师教学提供重要参考。

首先，从落实党和国家意志看。党的二十大报告对坚持不懈用习近平新时代中国特色社会主义思想凝心铸魂做出重大部署。高校教材具有鲜明的意识形态属性、价值传承功能，是立德树人的核心载体，必须坚持正确的政治方向和价值导向，旗帜鲜明地体现党和国家的意志，体现马克思主义中国化的最新成果，弘扬社会主义核心价值观。帮助学生牢固树立对马克思主义的信仰，对中国共产党和中国特色社会主义的信念，对实现中华民族伟大复兴的信心。教材的编写和修订要突出思想性和时代性，遵循理论性、科学性、实用性的原则。

其次，从适应国家战略需求看。党的二十大报告提出“深入实施科教兴国战略、人才强国战略、创新驱动发展战略，开辟发展新领域、新赛道，不断塑造发展新动能新优势”①。高校教材是人才培养的重要支撑，是引领创新发展的重要基础，必须紧密对接国家发展重大战略需求，不断更新升级，更好地服务于高水平、创新人才的培养。教材编写要充分体现经济社会发展和科技进步，紧跟世界科技发展前沿，坚持改革创新，将具有学科前沿的新技术、新理论不断补充到教材中，力求反映本学科的新成就和新趋势。深入挖掘学科专业所涉及的科学技术发展新实践和新成果中蕴含的思政元素，将其融入教材内容，让学生在大学阶段获得更好的价值引领和人格教育。

最后，从服务高质量教育体系建设看。党的二十大报告强调，要“办好人民满意的教育”“加快建设高质量教育体系”。人民满意的教育必定是高质量的教育，教材作为教育目标、教育理念、教育内容、教育规律的集中体现，是教育教学的基本载体和关键支撑，是教育核心竞争力的重要体现。建设高质量教育需要有高质量教材，高质量教材建设要立足新时代中国特色社会主义的鲜活实践，在永葆时代性基础上更好地体现前瞻性、创新性和灵活性，成为推动新工业革命的积极力量，为国家富强、民族复兴、人民幸福发挥人才培养的支撑作用。

三、党的二十大精神融入各类学科教材的元素

高校学科专业不同，课程思政内容建设也不同，专业教材融入的思政元素也有差异。党的二十大精神进教材要根据不同学科专业特点和学科专业内容，按照系统讲述与分领域、分专题阐释相结合的方式，把握理论与现实、宏观与微观、显性与隐性的关系，做到科学编排、有机融入、系统展开。

---

① 党的二十大文件汇编［M］. 北京：党建读物出版社，2022：25-26.

（一）哲学类教材

哲学社会科学类教材是习近平新时代中国特色社会主义思想进教材的重要渠道，要充分发挥育人主渠道的作用。其中哲学类教材要系统阐释习近平新时代中国特色社会主义思想蕴含的马克思主义世界观和方法论，全面融入习近平关于坚持实事求是，提高科学思维能力，保持战略定力，坚持问题导向，重视调查研究，发扬钉钉子精神，依靠学习走向未来等方面的重要论述。

（二）经济学类教材

经济学类教材要融入习近平新时代中国特色社会主义经济思想，将新发展阶段经济工作的“七个坚持”有机融入教材中，即坚持党对经济工作的集中统一领导，坚持以人民为中心的发展思想，坚持适应把握引领经济发展新常态，坚持市场在资源配置中起决定性作用、更好发挥政府作用，坚持推进供给侧结构性改革，坚持问题导向部署经济发展新战略，坚持正确工作策略和方法等。

（三）法学类教材

法学类教材要融入习近平法治思想和外交思想。以习近平关于全面依法治国，中国特色社会主义民主政治发展道路，国际关系和全球治理的思想为指导编写和修订教材。融入全面依法治国新理念、新思想、新战略，即坚持党对全面依法治国的领导，坚持以人民为中心，坚持中国特色社会主义法治道路，坚持依宪治国、依宪执政，坚持在法治轨道上推进国家治理体系和治理能力现代化，坚持建设中国特色社会主义法治体系，坚持依法治国、依法执政、依法行政共同推进，法治国家、法治政府、法治社会一体建设，坚持全面推进科学立法、严格执法、公正司法、全面守法，坚持统筹推进国内法治和涉外法治，坚持建设德才兼备的高素质法治队伍，坚持抓住领导干部这个“关键少数”，等等。

（四）社会学和管理学类教材

社会学和管理学类教材要融入习近平关于社会主义社会建设重要论述的相关内容，阐释社会建设的主线是带领人民创造幸福美好生活，社会建设的重点任务是坚持在发展中保障和改善民生，加强和创新社会治理，社会建设的原则是坚持社会公平正义，坚持解决好人民最关心、最直接、最现实的利益问题，坚持尽力而为与量力而行相结合，坚持守住底线，坚持共建共治共享，坚持完善制度，等等。将中国共产党对人类社会发展规律、社会主义建设规律的最新认识融入教材编写和修订中。

(五）教育学类教材

教育学类教材要融入习近平关于教育的重要论述，阐释教育改革发展必须坚持党对教育事业的全面领导，坚持把立德树人作为根本任务，坚持优先发展教育事业，坚持社会主义办学方向，坚持扎根中国大地办教育，坚持以人民为中心发展教育，坚持深化教育改革创新，坚持把服务中华民族伟大复兴作为教育的重要使命，坚持把教师队伍建设作为基础工作等。

(六）历史、文学和艺术类教材

历史类、文学类、艺术学类教材要融入习近平关于社会主义文化建设的重要论述，要阐释清楚文化自信是一个国家、一个民族发展中更基本、更深层、更持久的力量，坚定中国特色社会主义道路自信、理论自信、制度自信，说到底是坚定文化自信；阐释清楚中国共产党历史、新中国史、改革开放史、社会主义发展史，从历史中汲取智慧，深刻把握中国特色社会主义道路的历史逻辑；阐释清楚推动社会主义文化繁荣发展必须坚定马克思主义信仰，推动中华优秀传统文化的创造性转化和创新性发展，培育和践行社会主义核心价值观，加快构建中国特色哲学社会科学，繁荣发展社会主义文艺，推动文化事业和文化产业的发展，理解建成文化强国的重要意义；提高国家文化软实力，讲好中国故事，关系着我国在世界文化格局中的定位；等等。

(七）理工类教材

数理、计算机、医学等理工类教材要结合学科专业特点，融入人民至上、生命至上的思想，将胸怀祖国、服务人民的爱国精神，勇攀高峰、敢为人先的创新精神，追求真理、严谨治学的求实精神，淡泊名利、潜心研究的奉献精神等融入教材编写和修订中。

(八）军事类教材

军事类教材融入习近平强军思想，阐释习近平强军思想的时代价值、核心要义和指导作用；融入新时代国防和军队现代化建设必须毫不动摇地坚持党对军队的绝对领导，党在新时代的强军目标，军事战略方针和政治强军、改革强军、科技兴军、依法治军的战略举措等。

（九）农学类教材

农学类教材融入习近平生态文明思想，将坚持“人与自然和谐共生”的科学自然观，“绿水青山就是金山银山”的绿色发展观，“良好生态环境是最普惠的民生福祉”的生态民生观，“用最严格制度保护生态环境”的严密法治观，“共谋全球生态文明建设之路”的全球共赢观等思想和理念融入教材编写和修订中。

总之，各学科专业在编写和修订教材前，要深入学习党的二十大报告，系统整理习近平重要讲话、重要论述，挖掘其核心要义和育人价值，有机融入学科专业教材之中，丰富完善教材内容和体系，使习近平新时代中国特色社会主义思想系统全面进入大学专业教材。

四、党的二十大精神融入教材的路径

（一）教材编写人员的思想准备

教材编写人员要认真学习党的二十大报告，深入领会二十大精神，这是保证教材质量的前提。党的二十大精神内涵深刻、内容丰富、要点众多，主要涉及政治、经济、文化、社会、生态文明等领域的内容，教材编写人员要认真学习、梳理和归纳，杜绝“搬运工”“传声筒”式的“进教材”，要在认真学习、深入调研、交流研讨、反复论证基础上，以恰当的形式把党的二十大精神融入教材体系中，切实编写出培根铸魂、启智增慧的精品教材。

（二）党的二十大精神融入教材内容

一部完整教材通常由封面、扉页、目录、章节、参考文献、封底等部分构成。其中章节部分是教材的核心，由每章每节的内容构成。在每章中一般包括学习目标、理论知识、习题公示、讨论案例、阅读资料、实践训练、课后作业等内容。二十大精神进教材主要是在相关章节的知识点中，有习近平新时代中国特色社会主义思想融入的设计，融入可以是在章节内容中增加新时代背景下知识点内涵、外延的拓展，将习近平新时代中国特色社会主义思想的世界观和方法论融入政治、经济、文化、教育、法律、理工等学科相关知识内容的阐释中。可以结合学科知识特点，增加党史、新中国史、改革开放史、社会主义发展史等与知识点密切联系的内容；也可以是融入具有思想性、教育性的现实案例、阅读资料，启发学生思考，引导学生理解习近平新时代中国特色社会主义思想在实践中的要求；还可以采取实践训练、课后作业的形式，通过学生社会调查、动手实践，引导学生在学思践悟中领会和贯彻党的二十大精神。总之，教材在内容选材方面，要将专业性与政治性、思想性、科学性、价值导向性、先进性、创新性等结合起来，充分展现党的二十大精神内涵，展现社会和科技发展对民生的改善，展现国家发展和改革开放所取得的辉煌成就。

(三) 党的二十大精神融入教材的形式

专业教材的呈现方式包括文字、插图、表格、视频、音频等。党的二十大精神融入教材可以采用任意一种形式呈现。

1. 文字融入

文字是有灵魂的，不同文字表述表达不同的含义。文字融入是二十大精神融入教材的主要呈现形式，为保证内容的准确性，文字表述要精确无误，尽量减少模糊的表达，尤其涉及报告内容的表述，要一字不差。

2. 图片融入

党的二十大精神融入教材也可以通过图片的形式呈现，在选用图片方面要图面整洁，要素完整，意思明确。如选用地图，必须保证地图的规范性、准确性、严肃性。涉及国家机密、商业机密或个人隐私的图片要依法保密，不能选用。

3. 表格融入

在理工类教材中使用图表的情况较多，教材中使用表格时，要保证表格要素齐全，数字准确无误，数据来源可靠，内容逻辑严密，每个数据经得起检验，必要时配上备注和说明，表格后面注明数据来源等。

4. 音视频融入

音视频材料能更加生动地呈现教材内容，录制和选用音视频资料要符合法律法规、行业标准和规范，不仅要保证音视频的视听效果，还要保证音视频的知识性、思想性和教育性。

第二节　课程大纲

课程大纲是依据人才培养方案，以纲要形式编写的有关课程教学的指导性文件。课程大纲规定课程内容范围、教学进度安排、教学方法和手段、教材及考核方式等内容，是学校组织教学工作、检查教学任务、评价教学效果的重要依据，是教师编写选用教材、落实培养方案、实现人才培养目标的指导文件，是学生了解课程基本内容和选修课程的主要依据。课程大纲编写主要依据人才培养方案，教师依据专业人才培养方案中培养目标和要求设计课程大纲的内容。因此，在课程思政理念下，课程大纲的设计要体现课程育人理念，要将课程思政的要求融入课程大纲的编写中。在课程思政教学改革实践中，很多教师将改革重点放在课程上，重视课程的设计与开发，忽视了从源头即课程大纲上进行课程思政建设。可见，在课程思政教学实践前着手课程大纲编写是课程思政建设的基础和前提。

课程思政教育理念下，课程大纲的编写与修订要紧紧围绕立德树人根本任务，结合专业、课程特点，将育人理念有机融入课程大纲的各部分。具体来说，要将育人理念融入课程目标设计、课程内容编排、考核要求制定、参考资料与教材的选用等方面，要贯穿课堂教学、课后辅导答疑、实验实训、实习实践、作业论文等教学环节。课程大纲直接提供给学生使用，本着“润物无声”的要求，大纲中不能出现“思政目标”“思政元素”“思政资源”的文字表述，要结合学科专业特点和学生认知规律，以学科专业用语将育人思想和理念恰当融入“学习目标”“课程内容”“学习资源”中。

一、课程目标

课程大纲一般由课程目标、教学内容、教学进度安排、考核方式、教材和教学参考资料等基本要素构成，是对专业人才培养方案的具体落实。其中，课程目标是课程要达成的目的，是学生通过课程学习，在知识、能力、素养方面所要达到的水平要求。相对于人才培养目标而言，课程目标是具体明确的，是专业人才培养目标的具体化，是落实专业人才培养目标的基础和保证。

在课程大纲中，课程目标对教学内容及安排、教学重难点、教学实践环节等要素的设计起着统领作用。有些高校课程大纲编写是从学生的视角阐述课程教学所要达成的目标，因此，用“学习目标”的概念反映课程教学要达成的目标要求。学生作为课程大纲的使用者，看到课程大纲后，可非常清晰地知晓自己通过课程的学习所要达到的水平。

以往我们在编写课程大纲时，将课程目标分为知识目标、能力目标和素质目标。课程思政教学改革后，有些教师将思政目标作为一个新的目标加入课程目标表述中，实际上思政目标不是新增的课程目标，而是对传统课程目标内涵的丰富，是对学生在知识、能力、情感、态度、价值等方面的培养要求更具体、深入的说明。为此，课程目标的设计仍要聚焦知识、能力、情感、态度、价值的维度，准确把握课程思政理念下五个课程目标的范围和要求。

课程思政育人理念是我们编写课程大纲的指导思想，在课程目标的文字表述上，要尽可能以易于学生理解的语言说明，不能出现“课程思政”“思政目标”“思政育人”等字样，要用学科专业语言将课程思政理念融入课程目标的具体子目标中。下面以工程管理专业的“房屋建筑学”、人力资源管理专业的“人力资源管理心理学”两门课程为例，说明融入课程思政理念的课程目标如何完整表达。

示例 1：“房屋建筑学”的课程目标

知识：能够扼要陈述并解释建筑空间设计及构造设计的原则、依据及相关规范；能够比较与界定民用建筑的类型、防火等级及结构体系；能够识记和选用建筑各组成部分（基础、墙体、楼板、楼梯、门窗、屋顶、饰面及变形缝）的常用做法。

应用：能够应用民用建筑设计的基本原理，遵循设计规范，设计满足适用、经济、绿色、美观需求的某高校学生宿舍的平面、立面及剖面，选用并设计安全、稳固、绿色节能的构件材料及构造措施。

整合：能够整合建筑设计、土木工程、BIM 技术及校园绿色建筑评价标准，综合分析学生宿舍的各项性能指标，设计并绘制某高校学生宿舍全套建筑设计施工图，并评价其对环境可持续发展的影响。

价值：能够在设计实践中理解建筑设计师的职业性质和社会责任，贯彻落实绿色校园相关设计要求，在设计中体现绿色节约、以人为本的设计思想，树立可持续发展的设计观。

情感：能够认识到建筑师在设计团队中的地位和作用，在设计过程中与团队成员密切合作、有效沟通，互相配合展示设计成果。

学习：能够利用线上线下资源，紧跟行业发展，自主学习行业的最新规范和技术。

示例2："人力资源管理心理学"的课程目标

知识：能够陈述人力资源管理心理学的基本概念、基本理论、管理方法；能够阐释招聘心理、培训心理、绩效考评心理、人才流动、心理健康等理论和技术在人力资源管理实践中应用的范围和方法。

能力：能够应用人力资源管理心理学的基本理论和方法，分析人力资源管理实践案例、解决管理实际问题；能够准确分析心理测评结果，依据结果科学选拔人才；能够设计职业生涯访谈计划、人才流动调查计划，开展相关调查，撰写调查报告，评价调查实施效果；能够组织进行工作压力、心理健康测评，科学分析测评结果，制定员工心理管理方案。

价值：能够认识人力资源管理工作的性质和社会责任，自觉遵守客观公正、诚信守业的职业规范，践行"智慧管理、诚信服务"的管理理念；养成诚实守信、公道办事、开拓创新的职业品格和行为习惯。

情感：能够与团队成员在互相配合、充分沟通中开展人力资源管理相关案例的讨论和任务的实施；能够与企业人员有效沟通，深入企业开展调查；对合作对象恰当地表达支持和感谢。

从以上两个课程大纲的示例可以看出，没有单独关于课程思政目标的表达，课程思政理念主要融入了课程的整合、情感和价值三个子目标中，自然又恰当。

课程大纲中每章（单元）也要设置章（单元）学习目标。章（单元）学习目标是课程目标的进一步具体化，是将课程的目标要求落实到具体章节、单元中。例如，"房屋建筑学"课程第一单元"民用建筑设计概论"的学习目标如下。

“房屋建筑学”第一单元“民用建筑设计概论”的学习目标

知识：学生能够扼要陈述并解释建筑空间设计和构造设计的原则、流程、依据及相关规范；能够比较与界定民用建筑的类型与防火等级；能够描述建筑的构造组成及作用。

应用：学生能够应用防火分区原理，对建筑物进行防火分区设计；能够以团队形式完成设计项目的前期调研和资料收集。

价值：一是学生能够知晓国家的双碳目标及相关政策；二是学生开始领会“以人为本”的绿色建筑的初心及内涵。

情感：学生能够在设计调研过程中与团队成员密切配合，并相互协作完成调研汇报。

学习：学生能够自主完成线上学习，并搜集和学习课程设计相关的最新规范及设计案例。

从以上课程目标、单元学习目标的表述可以看出，课程思政理念主要融入情感、价值子目标中，没有单独设置一个思政目标。

二、课程内容

课程大纲要对课程学习内容进行系统梳理，明确每章（单元）的主要学习内容、学习重点难点，采用的教学方法与手段，这是课程大纲的核心内容。课程学习内容一般按章（单元）进行设计，每章（单元）的内容不是对课程所选用教材的完全照搬，而是从有效支撑课程目标实现的角度出发，结合学生的初始能力、学习规律以及教学方法选择课程内容。课程内容要有一定的深度和广度，要符合课程目标的要求。

课程思政理念融入课程内容主要体现在每章（单元）具体知识点、教学内容的设计上，设计思路和实现路径要在教案和讲义中充分展现，单从课程大纲中课程内容章节纲要、重点难点是无法清晰体现出课程思政设计的。例如，“管理学”第三单元“计划”，在课程大纲中仅列出本单元主要讲授内容“计划的制订、推进计划的流程与方法、目标管理、企业的战略计划”等，本单元有哪些思政元素，在哪一环节融入，融入路径是什么，在课程大纲中无需设计和呈现。

三、教学方法和手段

课程大纲不仅要明确各章节（单元）教学内容，如何将教学内容传授给学生，采用什么方法和手段，在课程大纲中也要明确说明。常用的教学方法有讲授法、案例分析法、问题讨论法、自主学习法等，教师要在课程大纲中明确说明课程教学时要采用哪些教学方法组织教学活动、完成教学任务。教师在编写课程大纲时，不能刻意强调哪种教学方法是课程思政教学所采用的方法，哪种方法不是。课程思政是润物无声的，是与专业知识教学融为一体的，只要是融入思政元素的教学活动设计，其采用的教学方法都是课程思政教学方法，可以是讲授法、讨论法，也可以是案例法、自学法等，没有特定的课程思政教学方法。下面以“数智化与人才测评综合实践”课程为例，介绍该课程“模拟面试”一章选用的教学方法和手段。

“数智化与人才测评综合实践——模拟面试”教学方法节选

（1）采用案例分析法，明确面试方案的内容，独立制订面试方案。

（2）采用任务驱动法，小组合作完成模拟面试，养成团队合作、表达支持和感谢的意识和习惯。

（3）采用模拟演练法，强化口头表达、沟通协调能力的训练，尊重面试对象的个体差异，践行客观公正职业规范，培养诚实守信、公道办事的职业素养。

（4）采用自主学习法，获取正确模拟面试的技术和方法，养成紧跟技术前沿的自主学习习惯。

大学课堂为了帮助学生更好地理解和掌握知识，通常会采用多媒体、投影仪等现代化教学手段。近年，随着现代信息技术的推广和应用，3D、虚拟技术、人工智能等现代化技术手段的应用越来越广泛，尤其是基于互联网平台的雨课堂、钉钉、云班课等新型智慧教学手段的应用，为课堂教学提供了数据化、智能化的信息支持，解决了传统课堂教学师生互动的局限性。课程思政育人理念下，要强化信息技术赋能的教学手段、教学模式的创新，灵活运用智慧教学平台、数字化教学工具有效开展课程思政教学改革，推进数字化课程思政教育资源的开发与建设；及时掌握课程教学过程中学生学习态度和教学效果，积极引导学生主动参与课堂讨论，通过互动式交流、探究式讨论，培养学生批判性思维、积极探索和自主学习的能力，为课程思政教学改革注入新的活力和动力。

四、课外学习

课程大纲中的课外学习部分主要布置学生课后学习内容和基本要求。课外学习要瞄准章（单元）学习目标，根据课程性质和需要对学生课后自主学习的内容、途径、方法、成果等做出说明。例如，阅读、习题、实践、课程等学习途径及内容，读书笔记、调查报告、创作作品等学习成果的形式和数量要求。课程思政理念融入课外学习主要体现在三个方面：一是布置课后学习带有思政特色的阅读资料、网络课程、相关读物等；二是布置启发学生思考，引起情感共鸣的习题作业；三是组织学生参加实践训练活动，在实践活动中激发学生工作热情，增强学生社会责任感与服务意识，培养学生吃苦耐劳与艰苦奋斗的工作作风。对于学生课后学习成果的考核和评价要有关于情感、价值目标达成的评价，以此引导学生规范实践行为，提高责任意识。例如，工业设计专业的“产品开发设计”课程要求学生课后自行查阅资料、个人访谈、细心观察，了解不同群体的生活习惯和日常需求，根据调查结果从人本关怀角度设计满足不同群体需求的产品。

五、教材与教学辅助材料

课程大纲中的教材是根据课程内容的要求，为帮助教师教学、学生学习而选择的材料说明。教师选用教材时要选择融入课程思政育人理念的教材，要确保教材内容符合党和国家的方针、政策，与学科发展相适应，反映本学科最新的科学研究成果，能适合当前经济发展与人才培养的需要，具有科学性和正确的价值导向。

哲学社会科学类课程如果有对应的马克思主义理论研究和建设工程教材，应作为指定教材统一选用。这类教材具有鲜明的课程思政特色，对于巩固马克思主义指导地位，落实立德树人根本任务，培养德智体美劳全面发展的建设者和接班人具有助力作用。无对应教材的课程应优先选用国家级和省级精品教材、国家级和省级规划教材、教育部教指委推荐教材。国家级教材能确保教材的科学性、思想性、先进性和适用性，不会有政治性和政策性的错误。

教学辅助材料主要包括辅助教材、阅读教材、教学指导书、案例集、习题集、网络学习资源、相关学术刊物等。教学辅助材料的选用，原则上与教材一致，选择内容组织合理，知识关联清晰，能引起学生的学习兴趣、情感共鸣、教育启迪的材料，优先选择近三年新出版的参考资料、优质在线开放课程等学习资源。

六、课程考核

课程大纲中考核方式和考核内容主要以学习目标为依据进行设计，说明学习目标达成情况的评价方式和评价内容。考核内容主要包括知识、能力和素质三个方面，考核方式可以采用作业、测验、提问、考试等。每种考核方式可以对应一个或多个课程目标，每个课程目标至少采用一种考核方式。课程目标中与思政目标联系紧密的是态度、情感、价值目标。这些目标达成情况的评价比较困难，可以采用过程性考核检验思政目标达成程度。具体可以评价学生的课堂学习表现、平时作业质量、阶段性测验结果、课程报告等。通过检查与跟踪学生阶段性学习成果，学生在教学活动中态度、情感、价值的成长变化情况，评价课程思政教学效果。课程考核不是单独采用某种考核方式专门进行课程思政目标的考核，而是在课程的考核方式中，增加对学生态度、情感与价值的考核，将这些指标作为课程考核的内容之一，以此实现课程思政教学评价。例如，法学专业“知识产权法”课程要求学生要“具备知识产权法基本知识和理论”，课程考核采用测验、考试、案例分析的形式，检查学生法律知识掌握情况及应用知识产权法的知识分析解决问题的能力。

此外，还可以采用终结性考核方式检查课程思政教学效果，终结性考核是判断学生在完成课程学习后是否实现了课程目标的要求。可以根据课程性质和特点，采用闭卷考试、课程论文、作品设计等方式，具体考核思路和做法与过程性考核相似。

第三节　教案

教案是教师进行教学的方案，高校教师在授课前要依据课程大纲、教材的要求，结合学生的学习特点，以课时或章（单元）为单位，对教学过程进行详细安排并形成指导性教学方案，这个教学方案就是我们通常说的教案。教案是教师组织教学活动的必备文件，在教学开始前教师要进行教案的设计和编写。

教案设计如果单方面强调从教师立场出发安排教学内容和顺序，忽略学生的理解和可接受性，就会使教学活动陷入“教师中心”的误区。因此，在教学开始前要进行学情分析，在此基础上再详细规划每个课时、章（单元）下的教学安排。概括说，完整的教案设计是教师在学情分析、教材分析的基础上，设计教学目标、明确教学重点难点、选择教学方法、设计教学过程、撰写教学反思的活动。教案设计不仅反映了教师在教学上的设计思路，同时还蕴含着教师的知识素养、教学智慧。课程思政教学理念下的教案设计要将课程思政育人理念融入教案的所有构成要素中，即融入教学目标、教学重难点、教学方法、教学过程及教学反思等环节中。

一、教学目标

教学目标是学生通过教学活动要达到的预期学习结果，可以分为课程教学目标、单元教学目标、课时教学目标等层次。课程教学目标又称为课程目标，是学生通过一门课程的学习要达到的目标和要求。课程目标的要求在“教学大纲”专题下已经阐释，在此不再赘述。

单元教学目标是课程目标的子目标，是课程目标的具体化。单元是课程内容的划分单位，随着学科不同而不同。一个单元内容有相对的完整性，反映了课程编制者或教师对一门课程总的看法，以及在此基础上对单元结构按照教育科学的要求做的分解和逻辑安排。在教学实践中单元教学目标是对整个单元学习结果的描述，说明学习者完成单元学习任务后能做什么、会做什么。一般从知识、能力、素质三个方面描述单元教学目标。其中，素质目标可以细化为态度、情感、价值目标。

在教学目标体系中，最具体的、最具操作性的是课时教学目标，课时教学目标是教师参照课程大纲和教材制定的，是每节课的目标。课时教学目标是教学的基本单位，是对学生学习后能做什么的一种明确、具体的表述。没有课时教学目标，课程或单元教学目标就无法落实，人才培养目标也就无法达成。几个连续的课时教学目标构成一个单元教学目标，教案主要对单元教学目标和课时教学目标进行设计。

课程思政教学理念无论融入单元教学目标还是课时教学目标，主要在知识、能力、态度、情感和价值五个目标的要求上增加思政特色。知识目标是对学生学过的理论知识的要求。思政元素是否融入知识目标，一般从是否要求学习者准确讲述、概述、解释某一具有思政特色知识点的应用性、思想性上来判断。例如，金融学专业的“政治经济学”第七章“社会主义经济运行”的知识目标，要求学生能够讲清社会主义市场经济的特点，解释社会主义市场经济体制的基本框架，分析社会主义市场经济体制的完善途径，等等。从这个目标的表述上可以看出，这是明显具有思政特色的知识目标。

思政元素融入能力目标的表述一般从学生能否应用所学知识，分析、整合、解决具体问题，分析解决的问题是带有一定思政特点的。如人力资源管理专业的“社会学”课程第二章第三节“文化”，要求学生通过课程的学习养成客观辩证的思维素养，能够区分不同的文化观，正确处理不同社会制度下的文化差异。学生用所学理论分析不同社会的文化差异，提出具体的看法和建议，是课程思政理念融入能力目标的体现。

思政元素融入情感目标主要强调学生通过单元（课时）的学习，在情感方面的升华。如人文地理与城乡规划专业的“城市设计”课程第二单元“城市设计的历史发展”，将思政元素融入情感目标中，即通过课程教学带领学生感悟中国城市发展历史，体验中国城市之美，培养学生爱祖国、爱家乡的情感。

二、教学重难点

教学重难点是教案中的重要内容。教学重点通常是课程或教材中最基础、最重要的知识和技能，一般是由基本概念、基本原理、基本定律等组成的相对稳定的知识，通常对后续知识和技能的学习起着至关重要的作用。基本技能则是应用专业基础知识解决专业领域常规问题的能力。教学难点一般是课程或教材中最难理解、最难实践的知识和能力。教案要准确划定单元、课时的教学重难点，并合理选择、灵活应用行之有效的方式方法突出重点、讲清难点，确保课程教学效果和教学质量的提升。

课程思政教学理念融入教学重难点，就是明确单元、课时教学中带有思政特色的教学内容中哪些是要求学生重点理解掌握的；哪些是需要教师特别设计帮助学生理解和掌握的；哪些是需要教师重点教育引导，帮助学生内化于心、外化于行的。这些内容就是课程单元或课时的教学重难点。例如，金融学专业的“政治经济学”课程第二单元“资本与剩余价值”的教学重点是剩余价值是怎样产生的，教学难点是货币转化为资本的关键——劳动力。在讲授这个重难点时，要深入剖析马克思在《资本论》中对资本、剩余价值的阐述，教师通过引导学生学习马恩著作理解资本的本质、剩余价值的属性。通过学习原著的形式理解掌握教学重点、难点的教学设计充分体现了课程的思政特色。

三、教学方法和手段

教学方法和手段是教学过程最重要的组成部分，是为实现教学目标，完成教学任务，运用一定的方法和手段进行的教师和学生相互作用的活动方式。教学过程中教师无论采用什么方法、手段，其目的都是为了帮助学生更好地学习知识、培养技能、养成良好的素养。大学教学常用的教学方法有讲授法、自学法、案例分析法、课堂讨论法、实践训练法、问题教学法等。每种方法都有优点、不足和适用的教学内容和场景，经过特别设计都能发挥课程思政育人作用。

教师在编写教案时，对融入思政元素的教学内容采用的教学方法要特别关注，采用什么方法最能体现“春风化雨”“润物无声”，采用什么手段最能入脑入心，需要教师精心的准备和设计。讲授法是教师在课程思政教学设计中使用最多的方法，多数课堂采用讲授法很好地实现了课程的育人功能。如绘画专业的“国画技法”课程，结合中国含蓄、虚无、会意的传统画法，讲授中国绘画的风格，将中国传统文化巧妙地融入绘画知识的讲授中，引导学生自觉传承和弘扬中华优秀传统文化，增强文化自信。如面向听障特殊学生的视觉传达设计专业的“中国工艺美术史”课程，采用体验法、言传身教法进行课程思政教学，带领学生参观国家博物馆、景泰蓝厂，与听障工艺设计师交流从业经验与体验，通过学生的亲身体验，给予他们鼓励和信心，坚信“天生我材必有用”。如学前教育专业的“中国教育史”课程，采用资料法、实地考察法、个人访谈法，组织学生开展实际调查，在实践教学中将爱国主义教育和传统文化教育结合起来。再如护理学专业的“内科护理学”课程，采用理论讲授与实践训练相结合的方法，要求学生在实际操作中以病人为中心，将人文关怀的理念融入实践，体现对生命的敬畏、对病人的尊重和关爱，培养学生爱岗敬业、严谨细致、团结协作的职业素养。此外，人力资源管理、国际贸易、财务管理、法学等专业课程，多采用案例分析、小组讨论、情景模拟的融入方法，通过对具有思想性、教育性案例的分析、讨论，培养学生经世济民、诚信服务、德法兼修的职业素养。

随着互联网信息技术在教育领域的普及，很多课程利用多媒体视听设备和互联网、云技术实现课程思政教育元素的融入。例如，新闻学专业“视听语言”课程用《周恩来外交风云》《三大战役》《建国大业》《红海行动》《孔繁森》《任长霞》等影视剧的部分片段，帮助学生了解新中国的发展。从当代干部、知识分子的楷模孔繁森、任长霞、黄大年的事迹中，认识一心一意为百姓谋福利，奋斗到生命最后时刻，投身于祖国科研事业的英雄人物，影视作品丰富的思想内涵和深沉的爱国主义情感能真切打动学生。再如工程管理专业的“工程项目管理”、制药工程专业的“药物分析”、艺术学专业的“电视剧中的社会生活”等课程，利用互联网平台开展云端课程思政教学实践，借助抗疫的生动案例、感人事迹短视频，培养学生爱国情怀和责任担当。

四、教学过程

教学过程是教师教和学生学的统一活动过程。教案中“教学过程”部分主要描述课堂教学诸环节的教学设计和安排。具体包括导入新课、讲授新课、巩固练习、归纳总结、布置作业等环节。课程思政育人理念融入教学过程，是在课堂教学各环节中有选择地融入思政元素。可以在导入新课阶段融入，也可以在巩固练习阶段融入。例如，旅游管理专业“空间信息技术与旅游应用”课程在课堂导入环节以南海主权争端、珠峰测量等为例导入新课，在重点难点环节设计了“在地图投影变形部分思考地图是否欺骗了我们”的课堂讨论题，引导学生用唯物辩证法理解投影变形、地图投影的选择，以及地图是国家主权和领土完整的象征等内容。在课后作业环节，设计了通过绘制旅行故事地图、完成国家公园游憩利用适宜性评价作业，强化学生国家版图意识，维护国家版图尊严，讴歌美丽中国的作业融入方式。总之，在课堂教学的各环节都可以进行思政元素融入设计，融入哪个环节没有固定模式，根据教学内容、教学要求和学生学习状况而定。

课堂教学融入思政元素要注意两点：一是课堂门门有思政，但不是节节有思政。思政元素的融入一定要紧密结合教学内容的需要进行设计，门门思政并不是节节思政，生硬的、勉强的节节有思政的教学不仅达不到预期的教学目标，还会影响教学效果，事倍功半。二是思政元素可以在课堂的各环节融入，可以是导入阶段，也可以是巩固练习阶段，还可以在课后作业融入，不能为了追求思政特色，而忽视大学课堂教学的根本，高质量课程思政应是高质量课堂教学，课程思政教学设计和实施一定是为课程目标、专业人才培养目标的实现而服务的，为了思政而思政的教学违背了课程思政教学改革的初衷。

第九章
课程思政示范教师

第一节　新时代高校教师的职业素养

教师职业是寓神圣于平凡的工作，教师的工作特点决定了教师需竭尽全力地投入。习近平多次强调教师职业素养的重要性，教师做的是传播知识、传播思想、传播真理的工作，是塑造灵魂、塑造生命、塑造人的工作，教师不能只做教书匠，要成为塑造学生品格、品行、品位的“大先生”。习近平要求广大教师要做有理想信念、有道德情操、有扎实学识、有仁爱之心的“四有”好老师；要做学生锤炼品格、学习知识、创新思维、奉献祖国的引路人。“四有”好老师、四个“引路人”是新时代高校教师的职业素养要求。

一、理想信念是好老师的不竭动力

理想信念是源头活水，是好老师的不竭动力。习近平指出：“正确理想信念是教书育人、播种未来的指路明灯”①。一名好老师应该把“传道”之“道”蕴含在“授业”“解惑”的过程中，用正确的方法诠释科学的理念，以自身的理解诠释和传播中华优秀传统文化，汲取世界文明成果，从而培养社会主义建设者和接班人。2013 年教师节前夕，习近平向全国教师致慰问信，勉励广大教师要牢固树立中国特色社会主义理想信念，牢固树立终身学习理念，牢固树立改革创新意识，为发展具有中国特色、世界水平的现代教育做出贡献。

理想信念是每个人需要的表达。人的需要是多方面的，理想信念也有多样性，人除了有追求幸福生活、事业成功和实现个人价值的个人理想信念外，还有追求公平公正的社会理想信念，追求中华民族伟大复兴的民族理想信念和国家统一的国家理想信念。习近平指出：“中国共产党成立一百年来，始终是有崇高理想和坚定信念的党。这个理想信念，就是马克思

① 习近平．做党和人民满意的好老师：同北京师范大学师生代表座谈时的讲话［N］．人民日报，2014-09-10（2）．

主义信仰、共产主义远大理想、中国特色社会主义共同理想。”① 在新时代背景下，我们要坚定马克思主义信仰、对共产主义和中国特色社会主义的信念，坚持在中国共产党的领导下，发展中国特色社会主义，实现中华民族伟大复兴。只有不断坚定中国特色社会主义理想信念，只有不断巩固马克思主义和全党全国各族人民团结奋斗的思想基础，全国人民才能坚定不移地迈向共产主义，中华民族才能获得源源不断的精神力量。

理想信念是指引大学生人生方向的航标。新时代青年学生正处于一个复杂多变的环境中，面对复杂的世界大变局，因缺乏社会阅历和辨别能力，容易受新自由主义、历史虚无主义思潮影响丧失理想信念。广大教师肩负着指导学生树立马克思主义世界观、人生观和价值观，坚定共产主义理想信念的使命，要做好学生健康成长的指导者和引路人，传播好先进的思想文化、党的创新理论，教育引导学生扣好人生的第一粒扣子。

教育引导学生树立理想信念，要求教师要“教育者先受教育”，只有教师信仰坚定，对所讲的内容高度认同，才能有效引导学生真学、真懂、真信、真用。教师要深入学习马克思主义经典著作，深刻理解和把握习近平新时代中国特色社会主义思想的丰富内涵和实践要求，坚持用马克思主义立场、观点、方法认识问题、分析问题、解决问题，做好理论研究和教学改革。心有所信，方能行远。

二、道德情操是好老师的成长阶梯

传道者必须闻道在先，塑造他人灵魂的人，首先要有高尚的灵魂。因此，教师必须不断加强自身的道德情操。良好的道德情操会保证教师在处理自己与他人、与集体、与国家的关系中，成为一个不断自我提升的人。

（一）热爱教育事业

教师的道德情操首先表现在对教育事业的忠诚和热爱上，热爱教育事业是做好教育工作的前提。习近平指出：“做老师就要热爱教育工作，不能把教育岗位仅仅作为一个养家糊口的职业。有了为职业奋斗的志向，才

---

① 习近平．信念坚定对党忠诚实事求是担当作为 努力成为可堪大用能担重任的栋梁之材［N］．人民日报，2021-9-02（1）．

能在老师这个岗位上干得有滋有味，干出好成绩。”① 许多优秀教师的经验证明，他们能在教育工作中做出卓越成绩，首先是因为他们热爱教育事业，热爱教师职业，愿意为下一代的成长贡献自己的毕生精力。如果一个教师不热爱所从事的职业，也就失去了工作的动力，失去了工作的责任心，甚至会将育人工作当作是痛苦，也就不可能对学生充满爱心，不可能创造性地开展工作。

（二）加强师德修养

习近平强调：“评价教师队伍素质的第一标准应该是师德师风。”② 教师的一言一行、一举一动都是其师德素养的直接体现，对学生产生潜移默化的影响。教师劳动的示范性，决定了教师在思想、品德和作风上必须成为学生的表率。学生是“度德而师之”，教师只有以身立教、为人师表，才能确立自己在教育中的地位。实践证明，身教重于言教，“不能正其身，如正人何”“其身正，不令而行；其身不正，虽令不从”③。教师只有具备良好的师德修养，才能有力地说服学生，感染学生。否则，教师不仅会丧失威信，甚至可能失去教育人的资格。2018 年，教育部印发《新时代高校教师职业行为十项准则》《高校教师师德失范行为处理指导意见》，明确规范教师的行为准则：“坚定政治方向、自觉爱国守法、传播优秀文化、潜心教书育人、关心爱护学生、坚持言行雅正、遵守学术规范、秉持公平诚信、坚守廉洁自律、积极奉献社会。”④ 高校教师要自觉增强师德修养，严格遵守师德标准，为人师表，言传身教，以身作则，用自身的道德情操影响感染学生。

三、扎实学识是好老师的实践工具

学高为师是要求教师必须有较高的学术造诣，扎实的学术功底。扎实

---

① 习近平．做党和人民满意的好老师：同北京师范大学师生代表座谈时的讲话［N］．人民日报，2014-09-10（2）．

② 习近平．在北京大学师生座谈会上的讲话［N］．人民日报，2018-05-03（2）．

③ 陈晓芬，徐儒宗译注．论语大学中庸［M］．北京：中华书局，2011：155，153．

④ 中华人民共和国教育部．新时代高校教师职业行为十项准则［EB/OL］．（2018-11-14）［2022-05-20］．http：//www. moe. gov. cn/srcsite/A10/s7002/201811/t20181115_354921. html.

学识包括教师从事教育工作需要的专业知识、专业技能、教育智慧等。高校教师必须精通所授学科的知识，熟悉学科的基本结构和各部分知识之间的内在联系，了解学科的发展动向和最新研究成果。教师所掌握的学科知识应超出专业知识的范畴，只有资之深，才能取诸左右而逢其源。教师只有有了深厚的学科知识，才能通透理解教材，灵活地处理教学内容，准确地讲授课程。当代大学生是在互联网环境下成长起来的一代，在高科技手段的辅助下，掌握某些新知识、新技能的速度甚至比教师还要快。教师垄断知识、学生被动接受知识的时代已经成为过去，文化反哺是教师必须面对的时代特征之一。在前所未有的变革时代，高校教师只有不断加强学习，保持较强的学习能力，才能持续不断地传播知识。

此外，高校教师还应具有教育智慧。在经济全球化背景下，思想的多元化，生活的多面性，导致教师在教育中遭遇和面对的问题越来越复杂，因此要求教师具有教育智慧。教育智慧是教师历经体验、反思和实践而拥有高品质教学经验的体现。教师的教育智慧生于课堂教学中、浸于育人过程中，教师要能基于学生学习兴趣与需要，敏锐地发现现实世界中值得学习和研究的问题，能聚焦社会生活中的真实问题及有意义事件挖掘思政教育资源；教师要能准确把握学生的态度、情绪及注意力，并随时调整教学节奏；教师要能敏锐把控课堂突发事件，及时化解矛盾和危机。教师对教学过程中的人和事，保有敏锐的洞察力并采取灵活的处理方式进行应对，这是教师教育智慧的体现。教师如果不能将知识转化为智慧，不能掌握相应的教育艺术和方法，就可能出现“教师很辛苦，学生不买账”的现象，影响师生的和谐关系，教育质量也受到影响。因此，好教师要不断地学习，站在师生的角度进行专业反思，学习他人的成功经验，分享自己的成长收获，在践行中不断总结提升，把教学经验完善丰富为教育智慧，逐步成长为“学生为学、为事、为人的大先生”。

四、仁爱之心是好老师的成就之根

教师对学生的爱是一种巨大的教育力量，教师只有热爱学生，才能教育好学生，才能使教育发挥最大限度的作用。习近平在与北京师范大学师生代表座谈时说：“老师在学生心目中具有重要位置，老师无意间的一句话，可能造就一个天才，也可能毁灭一个天才。好老师一定要平等对待每一个学生，尊重学生的个性，理解学生的情感，包容学生的缺点和不足，善于发现每一个学生的长处和闪光点，让所有学生都成长为有用之才。”①

教师对学生的爱是一种重要的教育手段。教师只有以自己的爱才能赢得学生的爱，才能搭起师生之间感情的桥梁，使学生愿意接近教师，愿意接受教师的教育。教师对学生的爱表现在对学生的学习、思想和身体的全面关心上。如果教师以教导者和监督者的身份居高临下地出现在学生面前，只会引起学生的反感和抵触。特别是独立自主的大学生，教师既是学生的老师，又是他们的朋友，在人格上要与学生平等相待，以诚相待。作为一个教师，时刻不要忘记自己也曾是学生，要乐于并善于和学生交朋友。教师对学生的爱还体现在对学生的严格要求和信任、期望之上。教师如果对学生满怀信任和期待，就会严格要求学生，热情帮助学生，采取适当的方式对待学生，学生也会对教师的信任和期望做出积极的反应。

总之，一个有仁爱之心的教师会保持良好的生命状态，确保正常发挥专业技能。一个能从工作中发现幸福的教师，会乐于投身教育之中，久而久之，这种幸福感不仅会成为一种前进的动力，激发教师创造更多幸福，也会成为教师理想信念的重要源泉。

第二节　课程思政优秀教师的培育

课程思政是教师教书育人的应有之意，是课程教学的价值回归，不是对教师额外的要求，更不是给教师添加额外的负担。学校要采取多种形式帮助教师加强认识，树立课程思政育人理念，指导教师在传授科学知识的同时，发挥好课程的思想价值引领作用，使人人成为课程思政示范教师、优秀教师。

课程思政优秀教师是课程思政教学效果好，建设成效显著的关键。这些教师通常具有较高的政治素养、师德修养，鲜明的教学风格，拥有解决

① 习近平．做党和人民满意的好老师：同北京师范大学师生代表座谈时的讲话［N］．人民日报，2014-09-10（2）．

教育教学过程中实际问题的教育智慧，在专业教育领域取得出色的成绩，能带动教学团队共同成长和进步。课程思政优秀教师应能在政治素养、理论学识、教学能力、道德情操等方面起到示范引领作用。优秀教师的出现不是临时的“包装”和“打造”，需要重点培育，是一个不断学习和成长的过程。

一、专题培训

教师是高校课程思政建设的主体和关键，要充分发挥教师课程思政建设的积极性和主动性。在课程思政建设的不同阶段，广大教师的困惑和问题也各不相同，影响课程思政教学改革的推进。例如，在课程思政建设初期，教师思想上存在着“为什么要做课程思政”的困惑；在课程思政快速发展阶段存在着“想建设但不知怎么做”的困惑；在课程思政全面推广阶段存在“怎么样才能做好”的困惑。针对这些困惑和问题，学校要加强对教师课程思政建设能力的培训。

教师课程思政建设能力是将党的创新理论与教学理论相结合指导教学工作的能力，是深入了解党的创新理论，将习近平新时代中国特色社会主义思想的思维方法、价值理念、思想内容融入课程教学；严格遵循教学规律、学生学习规律，尊重学生特点和差异，能用教育学理论和方法开展课程思政教学设计；创新课堂教学方法和手段，将现代信息技术引入课堂教学和实践教学，增加课程教学的生动性、教育性；将育人理念融入课堂教学之外的一切教学活动，积极回应学生关切，解答学生困惑，引导学生健康成长和发展。

提升教师课程思政建设能力的重要渠道是培训。培训是课程思政优秀教师培育的重要途径。课程思政的培训要紧密结合当前高校教师课程思政建设、教书育人、教学改革过程中的重点和难点问题。组织教师系统学习党的创新理论，深入领会习近平新时代中国特色社会主义思想和党的二十大精神，提高教师政治理论素养、坚定理想信念，筑牢思想根基；开展师德师风培训，提升教师规则意识，引导教师依法从教，推动师德师风内化于心、外化于行；组织科学素养培训，增强教师科学教育意识，提升科学教育指导能力；强化教师数字化意识，搭建数字化实践平台，引导教师根据自身教学需求，选择合适的数字化硬件和软件，利用数字化技术改善课程思政教学效果。

总之，要将课程思政作为教师职业发展的必修课程，将课程思政建设要求和内容纳入教师岗前培训、在岗培训、师德师风培训和教学能力专题培训等系列培训中，通过专题报告、教学工作坊、现场教学观摩和典型经验交流等方式，提升教师课程思政教学设计与实践的能力。

二、交流研讨

普通教师成长为课程思政优秀教师需要一个培育过程，除了进行专门的培训外，还要有相应的交流研讨助力教师执教能力的提升。

首先，集体研讨交流。学校课程思政建设相关牵头部门要积极搭建课程思政交流平台，借助论坛、专题网站、研讨会等平台开展课程思政集体研讨与交流活动，不同学科专业教师互相交流、分享经验，深入讨论、弥补不足。通过思维碰撞、智慧交流，提升教师课程思政教学能力和水平。此外，建立教研室集体教研机制，专业教研室围绕“课程思政”“专业思政”等专题，定期开展集体备课、集体研讨，共同提升专业教师挖掘思政元素、有机融入课堂的课程思政教学能力。

其次，教学竞赛。举办课程思政教学设计大赛，围绕课程思政教学目标的制定，思政元素的挖掘，思政融入点的设计，教学评价等内容，进行课程思政教学设计。通过教师在备课时挖掘思政元素，在上课时融入思政元素，在课后反思课程思政设计，练好课程思政教学基本功。下面以北京联合大学为例，介绍课程思政教学设计大赛的内容要求。

北京联合大学 2023 年课程思政教学设计大赛内容要求①

进入课程思政设计大赛决赛的课程采用“说专业、说课程、教学展示”的形式进行汇报展示。

说专业，由课程所属专业（学科）的负责人现场汇报，主要汇报三方面内容：一是专业（学科）思政的育人目标。如何根据学校人才培养总目标，结合专业（学科）特点和定位，制定专业（学科）思政的育人目标。

① 北京联合大学关于组织开展 2023 年课程思政教学设计大赛工作的通知［EB/OL］.（2022-12-19）［2023-06-05］. https：//wvpn. buu. edu. cn/http/77726476706e697374686562657374 21fff60f9e322526557a1dc7af96/art/2022/12/19/art_35551_702245. html.

二是专业（学科）思政建设的思路和举措。从人才培养所关涉的各环节、各方面，对形成新时代高素质应用型人才培养体系的实现路径进行整体设计。专业思政包括基于专业特点的培养模式、师资队伍、课程教材、教学方法、实践教学、第二课堂、质量保障、学科支撑等；学科思政包括基于学科特色的建设理念、师资队伍、课程教材、教学方法、实践教学、第二课堂、质量保障等。三是专业（学科）思政建设成效。专业（学科）在开发、编写、出版体现专业（学科）思政要求的教学资源、讲义、教材等方面的成果，在人才培养、科学研究、服务社会等方面取得的成绩。

说课程。由进入决赛的课程负责人进行现场汇报。从课程整体教学设计的角度，描述如何立足于学科专业的育人特点和要求，聚焦本课程开展课程思政教学过程中的真实问题，在教学目标、教学内容、方法手段、考核评价等方面的创新举措，通过思政元素基因式融入、立体化渗透、浸润式演绎，做到价值塑造、知识传授和能力培养三者融为一体。

教学展示。课程主讲教师就参赛课程中的具体内容（知识点）准备5个完整的教学设计样例，决赛前抽取其中1个用于现场教学。

三、示范引领

课程思政建设能否落到实处，关键在于一线教师的认同和实践能力。成长为课程思政优秀教师既需要教师个人的努力，也要靠榜样的示范和引领。对于课程思政教学效果好、评价高、有建设热情的教师，学校可进行重点培育。鼓励学科带头人、专业负责人、优秀教师、教学名师做课程思政指导教师，从教学设计到教学模式，从教学目标到教学内容，从教学过程到教学方法，从成绩考核到课后作业，全面细致地进行指导，帮助有建设热情的教师尽快提升课程思政执教能力，早日成为课程思政示范教师、优秀教师。

课程思政是挖掘课程中蕴含的思政元素，并将思政元素融入课堂教学的活动。课程思政内容非常丰富，宏观上包括社会主义核心价值观教育、中华优秀传统文化教育、职业理想和职业道德教育、宪法法治教育等。最重要的是用习近平新时代中国特色社会主义思想铸魂育人，将党的创新理论最新成果转化为各学科的学理，转化为各学科的方法论是课程思政内容建设的重点。哲学社会科学体系中绝大部分学科具有鲜明的意识形态属性，专业教师在开展课程思政建设过程中，需要准确把握立场观点，能够正确认识和分析复杂社会现象背后的逻辑关系，因此需要思想政治理论课教师的支持和帮助。课程思政优秀教师的培育还需要优秀的思政课教师的指导和引领，对涉及意识形态的内容进行把关，并给予建议。

四、政策保障与激励

课程思政优秀教师的培育需要学校在政策制度上给予保障，学校相关职能部门要主动修订相关管理文件，在制度上明确课程思政优秀教师培育的相关规定，将课程思政优秀教师的选树纳入部门工作范畴，在职责范围内给予大力支持。党政职能部门在牵头的工作中自觉落实课程思政优秀教师的选树要求，例如，校教务处联合相关部门共同开展课程思政优秀教师的评选，选树一批课程思政教学名师和团队，推出课程思政示范课程，积极搭建交流研讨、教学展示平台，促进专业之间、教师之间的互动交流，提升广大教师课程思政建设水平。校党委宣传部积极宣传和推广课程思政示范教师的教学经验和做法，加大宣传力度，浓郁课程思政建设氛围。校人事处、教师工作部把教师参与课程思政建设情况和教学效果作为教师考核评价、岗位聘任、职称评定、评优奖励、选拔培训的重要内容。在一流课程、优秀教材等教学成果的奖励中，突出课程思政要求，加大对课程思政建设优秀成果的支持力度。

总之，学校要强化政策保障和激励，通过建立考核机制、评价机制、榜样引领机制，发挥好政策导向作用，激发广大教师的内在驱动力，不断提高教师开展课程思政的积极性、主动性、创造性。

第三节　课程思政优秀教师的评选

高校课程思政建设需要优秀教师的示范引领，《高等学校课程思政建设指导纲要》明确提出，要“选树一批课程思政建设先行校、一批课程思政教学名师和团队，推出一批课程思政示范课程”①。其目的是通过选树的

① 中华人民共和国教育部．新时代高校教师职业行为十项准则［EB/OL］.（2018-11-14）［2022-05-20］. http：//www. moe. gov. cn/srcsite/A10/s7002/201811/t20181115_354921. html.

课程思政先进典型，为高校课程思政教学树立启发性强、易于效仿的示范案例，形成“校校有精品、门门有思政、课课有特色、人人重育人”的良好育人氛围。因此，通过评选课程思政优秀教师，推广课程思政建设先进经验和做法是非常必要的。课程思政优秀教师的评选不仅是评价教师，更重要的是评价教师所讲授的课程，只有讲授的课程是课程思政示范课、优秀课，才会有课程思政优秀教师、课程思政教学名师。教育部在组织评选全国课程思政示范项目时，重点围绕课程、教师和团队提出了具体评选要求。

一、课程思政教学设计

课程思政优秀教师的“优秀”重点体现在所讲授的课程从设计到实施，很好地寓价值观引导于知识传授和能力培养之中。尤其在课程思政教学设计方面，准确把握“坚定学生理想信念，教育学生爱党、爱国、爱社会主义、爱人民、爱集体”的育人主线，注重价值塑造、知识传授与能力培养相统一。科学设计课程目标和教案课件，解决课程教学目标与人才培养目标的有效衔接。将思政教育有机融入课程教学，打破思想政治教育与学科专业教育的二元对立，即注重课程设计的“学科规定性”，又强调课程内容的“价值导向性”。

在课程内容选择上，牢牢坚持“育人为本”，破除专业教育与思政教育之间的人为壁垒，体现思想性、前沿性与时代性。结合所在学科专业、所属课程类型的育人要求和特点，从课程所涉专业、行业、国家、国际、文化、历史等角度，深入分析蕴含的思政教育资源，真正把学科内不同层次课程的德育元素挖掘出来以服务于学生成长，增加课程知识性、人文性，提升引领性。

此外，优秀的课程思政教学设计还要注重课程思政教学方法和手段的创新，教学方法体现先进性、互动性与针对性，形成可供同类课程借鉴共享的经验、成果和模式。

二、教师和团队

课程思政优秀教师首先要政治立场坚定，师德师风良好。自觉进行教育者先受教育，把自我修养和学习教育结合起来，认真学习马克思主义理论经典著作、习近平新时代中国特色社会主义思想，对所讲的内容高度认同，是学习和实践的典范。课程负责人能够准确把握开展课程思政建设的方向和重点，在备课时依据课程所归属或服务的学科和专业，结合学生未来从事工作的职业素养，结合中国特色社会主义伟大实践，结合国际国内时政深入挖掘课程所蕴含的思政资源。课程思政教学过程中坚持教师主导和学生主体相统一的原则，充分发挥教师课程教学的相对自主性，将挖掘的思政元素有机融入课堂教学全过程，用"活"的思政滋养课堂，提升学生获得感。能根据学生成长特点和规律选用恰当的教学方法，教学风格深受学生喜爱，课堂教学效果显著。

课程思政建设不是课程主讲教师单兵作战，要汇聚一批有热情、有情怀、有学识、有担当的教师，形成课程思政教学团队。这就需要发挥专业教研室、课程群的力量组建课程思政教学团队，集体备课、集体教研，共同进行课程思政教学改革。课程思政优秀教学团队要人员结构合理，任务分工明确，集体教研制度完善并有效实施，经常性开展课程思政建设教学研究和交流，课程思政成果显著，建设水平高。

三、改革成效

评价课程思政教学改革成效并不容易，因为课程思政教学改革是综合性的，受很多因素影响，准确评估哪些成效是由课程思政教学改革带来的，有一定的困难，也没有必要。只要在实施课程思政教学改革后，任课教师和学生各有所获，教师努力提升政治思想素养、自觉加强师德修养，将立德树人的理念内化于心，外化于具体的教学实践中，增强了育人意识，提升了执教能力、育人本领，课堂教学的吸引力、感染力、针对性和实效性增强，就是教师层面课程思政教学改革成功的体现。

从学生层面考察课程思政教学改革成效也非易事，因为课程思政教学改革具有内隐性，短时间内无法准确评估出来，要在学生未来的职业发展中去检验。因此，学生在课程学习期间只要获得感、满意度提升，对专业、课程、教师的认同度提高，课堂学习、课后作业、实习实践向着勤奋好学、认真严谨、诚实守信、精益求精的目标和要求转变，就达到了课程思政教学改革的目的。如果一定要以量化指标衡量课程思政教学改革成效，微观层面则可以从学生评教结果前后对比，校内外同行专家评价优秀率等可测量、可操作的指标衡量；宏观层面则从学生参加学科竞赛、志愿服务、入疆入藏、支援西部、参军入伍、社会实践等反映人才培养质量提升的数据衡量。总之，课程思政教学改革成效一定是体现在学生、教师身上的思想、情感、态度、行为的改变。

四、优秀教师评选示例

不同高校对课程思政优秀教师评选方式有所不同，有的高校通过组织课程思政教学设计大赛选树课程思政优秀教师，有的学校则通过专家听课、学生打分、材料评审的方式评选优秀教师。

北京联合大学采用课程思政教学设计大赛的形式评选课程思政优秀教师。自 2018 年以来，北京联合大学连续六年开展课程思政教学设计大赛，从“说课程”到“说专业（学科）、说课程与教学展示”赛制的变化，深入推进“一人参赛、全员备赛”。六年里学校评选出 102 门课程思政示范课程，102 名课程思政优秀教师。下面以 2023 年课程思政教学设计大赛为例，介绍课程思政示范课程和优秀教师评选标准与要求①。

（一）北京联合大学课程思政设计大赛申报要求

学校要求参加课程思政设计大赛的课程须是人才培养方案中的课程，至少经过两个学期的建设和完善。课程要注重体现学校办学定位和专业特色，注重价值塑造、知识传授与能力培养相统一，科学设计课程目标和教案课件，教学内容要体现思想性、前沿性与时代性，教学方法体现先进性、互动性与针对性，将思政教育有机融入课程教学，达到润物无声的育人效果，形成可供同类课程借鉴共享的经验、成果和模式。

所有参赛课程要与所属的专业（学科）共同参赛，专业（学科）部分由专业负责人（直属教学单位负责人或教研室主任）申报，课程部分由主讲教师或教学团队申报。团队成员可以是承担课程讲授任务的教师，也可以是参与课程思政建设的教师。

---

① 北京联合大学关于组织开展 2023 年课程思政教学设计大赛工作的通知［EB/OL］.（2022-12-19）［2023-06-05］. https：//wvpn. buu. edu. cn/http/77726476706e6973746865626573742 1fff60f9e322526557a1dc7af96/art/2022/12/19/art_35551_702245. html.

参赛教师要政治立场坚定，师德师风良好。专业（学科）负责人能够准确把握本专业（学科）开展专业（学科）思政建设的方向和重点，并落实到教育教学各环节、各方面。课程负责人能够准确把握本课程开展课程思政建设的方向和重点，并融入课程教学全过程。课程教学团队人员结构合理，任务分工明确，集体教研制度完善且有效实施，经常性开展课程思政建设教学研究和交流，课程思政建设整体水平高。

专业（学科）思政建设的育人效果显著，课程考核方式和评价办法完善，学生评教结果优秀，校内外同行专家评价良好，形成较高水平的课程思政展示成果，具有良好的示范辐射作用。

（二）课程思政优秀教师评价标准

北京联合大学在评选课程思政示范课程和优秀教师时，设置了两个层面、两个维度的评价标准，两个层面即专家教师层面和学生层面；两个维度即课程申报材料维度、课程教学展示维度，其中课程申报材料评价标准又分为申报书评价标准（见表9-1）和教学设计案例评价标准（见表9-2）。课程教学展示维度分为专家、教师层面的评价标准（见表9-3）和学生层面的评价标准（见表9-4）。两个层面和两个维度的课程思政评价标准，既考察了课程设计，又评价了教学效果，能全面、客观考察专业、教师课程思政建设的成效，也为学校推进课程思政建设的规范化和标准化指明了方向。

表9-1　北京联合大学课程思政设计大赛课程申报书评价标准

评价指标	评分要点	分值
负责人/团队	负责人：承担本科教学任务，积极开展课程思政教学实践和理论研究，准确把握课程思政建设的方向和重点，教学成果突出 团队：积极开展课程思政建设，把课程思政融入教学全过程，经常性参加课程思政学习培训，建立课程思政集体备课和教研制度，教学成果突出	15
总体设计	能够准确把握“坚定学生理想信念，教育学生爱党、爱国、爱社会主义、爱人民、爱集体”主线，结合所在学科专业、所属课程类型的育人要求和特点，深入挖掘蕴含的思政教育资源，优化课程思政内容供给。注重体现学校办学定位和专业特色，注重价值塑造、知识传授与能力培养相统一	15

续表

评价指标	评分要点	分值
教学实践	课程注重立足于学科专业的育人特点和要求，发现和解决本课程开展课程思政教学过程中的真实问题，深入挖掘思想政治教育资源，教学内容体现思想性、前沿性与时代性，教学方法体现先进性、互动性与针对性，积极探索课程思政建设模式创新，将思政教育有机融入课程教学，达到润物无声的育人效果	25
评价与成效	灵活采用各种考核、考试形式，突出学生实际能力的考核，注重课程实际教学的实效；课程评价原始材料真实可靠、结果优良	15
特色与创新	课程注重课程思政教学创新，充分体现本课程在思政建设方面的特色、亮点和创新点，形成可供同类课程借鉴共享的经验、成果和模式	20
建设计划	建设思路清楚，有针对性解决的问题，改进措施具有科学性、可行性，系统设计，保障有力	10

表 9–2　北京联合大学教学设计样例评价标准（专家用）

一级指标	二级指标	评分要点	分值
前期分析	教学内容与任务分析	明确教学内容的地位、作用，知识结构分析清晰、正确。发现课程思政教学过程中的真实问题	8
	学习者分析	学习者的起点水平、动机、认知特点和学习风格等分析正确	7
教学目标阐明	目标确定	目标全面、均衡，领域区分正确；目标阐述正确，具有可操作性、可评价性、高阶性，符合学科特点和学生认知规律	10
	重点难点分析	教学重点、难点分析正确	5
教学过程设计	教学环节	教学情境创设有新意，环节清晰，过渡自然，有效引导学生参与，启发学生思考，呈现方式合理	10
	教学内容	瞄准教学目标组织教学内容，内容充实、信息量适度、有一定的挑战性，及时将新理念、新科技、新案例纳入课程教学之中，思政元素有机融入	10
	教学方法	能突出重点、破解难点，突出学科教学特点，符合学习者特征，有效促进教学目标达成	5

续表

一级指标	二级指标	评分要点	分值
教学过程设计	学习方式	体现学为中心教学理念，运用探究、自主、合作等学习方式适当、正确	5
	教学媒体运用和教学资源开发	开发优质教学资源，利用前沿教学科技手段，媒体运用恰当，有利于教学实施、目标的实现	5
教学评价	考核项目	注重过程性考核	5
	评价标准	对非标答案的考核项目设计具有指导性的评价标准	5
教学反思	教学成效总结分析	较好地对教学设计，教学重点、难点把握，教学方法应用、教学效果优劣等课堂教学情况及存在的问题进行总结分析	8
	持续改进	为后续教学积累了丰富的经验和素材，并确定了改进措施方案	7
文档规范	内容	传播先进教学理念和方法，具有较强的可读性，表述清晰流畅	5
	排版	格式整齐、美观，图表运用得当，布局合理	5

表 9-3　北京联合大学课程思政大赛现场展示评价标准（专家用）

一级指标	二级指标	评分要点	分值
说专业（学科）	建设理念	能够根据学校人才培养的总目标，结合专业人才培养特点和定位，制定专业思政（学科思政）建设方案	10
	建设路径	能够将专业思政（学科思政）目标细化落实到教育教学各环节、各方面，实现课程思政、专业思政（学科思政）一体化建设	15
	建设成效	建设成效显著，有具体的建设成果	10
说课程	问题导向	以落实立德树人根本任务为导向，立足于学科专业的育人特点和要求，发现和解决本课程开展课程思政教学过程中的真实问题	5

续表

一级指标	二级指标	评分要点	分值
说课程	创新举措	能够准确把握课程思政的内涵建设要求，聚焦需要解决的课程思政教学过程中的问题，在教学目标、教学设计、教学内容、方法手段、考核评价等方面提出了具体举措，且针对性、创新性、可操作性强	15
	创新效果	能够切实解决课程思政教学存在的问题，能够有效实现寓价值观引导于知识传授和能力培养之中，帮助学生塑造正确的世界观、人生观、价值观	5
教学展示	教学内容	能够体现出优秀的学科素养和专业育人特色，信息量饱满且具有一定的难度、深度或广度	10
	教学组织	教学目标明确；教学方法手段运用恰当；条理清楚，循序渐进；语言表达清晰流畅	10
	特色创新	思政融入的立意新颖，构思独特；能基因式融入，立体化渗透，浸润式演绎	10
	教学效果	教学具有吸引力、感染力，“营养丰富味道好”	10

表 9-4　北京联合大学课程思政大赛现场展示评价标准（学生用）

一级指标	二级指标	评分要点	分值
听	容易理解	讲述清楚明白，知识容易消化	15
	语言抓人	语言有吸引力，我的注意力始终都很集中	15
看	演示生动	教学情景引人入胜，令我难忘	15
	形象有趣	演示内容生动，激发了我的学习兴趣和热情	15
学	触动较大	提升了我的认知和能力	20
	富有感染	引起了我的深度思考，获得了一些重要启示	20

附录

课程思政优秀案例选编

人本需求导向下的房间剖面设计

——房屋建筑学课程思政教学设计

一、课程基本情况

课程名称：房屋建筑学

授课对象：工程管理专业本科二年级学生

课程性质：专业必修课程

课程简介：本课程是工程管理专业的学科基础必修课。课程内容包括民用建筑设计概论、建筑平面设计、建筑结构体系、建筑剖面设计、建筑体型与立面设计、墙体、楼地层、屋顶、楼梯、基础及地下室、变形缝等11个单元。本课程的目标旨在学习民用建筑设计的基本理论，熟悉一般民用建筑的设计规范及构造做法，能够根据设计任务书要求，依据设计规范，设计中小型民用建筑的平面、立面、剖面及各部分的构造，完成一整套中小型民用建筑设计施工图，践行以人为本、绿色可持续发展的设计理念，养成工程意识和工程师素养，提升高阶设计实践能力，为从事绿色建筑设计和管理工作打下坚实基础。

课程特点：

(1)“虚实融合、产教融合、学赛融合”的混合教学模式；

(2)“一个项目、九大任务、一套图纸”的创新教学内容体系；

(3) 四位一体思政有机融入模式；

(4) 应用BIM技术、绿建模拟技术全面提升学生高阶设计能力；

(5) 能力与价值并重、线上与线下互补的多元化考评体系。

二、案例教学设计

(一) 案例简介

本案例为第四单元“建筑剖面设计”中的第一节“房间的剖面形状”。主要学习满足房间视觉、听觉及通风采光要求的房间地面、顶棚及窗户的剖面形状设计。

课程以中国古戏台的演变为主线，结合 70 周年国庆大典的看台设计、北京城市副中心博物馆观演中心的看台设计、国家大剧院歌剧院及中国共产党历史展览馆巨幕影厅的剖面设计、山东交通学院图书馆及英国德蒙福特大学女王馆（Queen Building）的通风采光设计，讲解满足房间视觉、听觉及通风采光要求的剖面形状，使学生在掌握主要知识的同时，学习中国传统文化，增强民族自信，树立绿色节约、以人为本的设计理念及新时代的大国工匠精神。最后，以“阶梯教室的剖面设计”为题，进行小组快题设计，提高学生的高阶设计能力。

（二）教学目标

1. 知识传授

能够扼要陈述设计视点、视线升高值的含义；能够分析视觉、听觉及通风采光对房间剖面形状的影响。

2. 能力培养

能够根据房间的性质，基于人本需求及建筑规范，分析房间的视觉、听觉及通风采光需求，设计相应的房间剖面形状。

3. 价值塑造

树立以人为本、可持续发展的设计理念，弘扬中国传统文化，增强民族自信，培养新时代大国工匠精神。

（三）案例蕴含的思政元素分析

（1）“以人为本”设计房间的地面、顶棚形状，以满足人们的视觉、听觉要求。

（2）在房间的通风采光设计中，引入绿色建筑典型案例英国德蒙福特大学女王馆的节能设计，同时结合国家“双碳”目标，及“制定强制性标准，全面推行超低能耗建筑”的行业最新举措，使学生认识建筑节能的重要性，坚定绿色可持续发展的设计理念。

（3）在房间的视觉及声环境设计中，引入“中国古戏台的传音秘诀”，弘扬中国传统文化，增强民族自信，展示工匠精神。

（4）引入有影响力的时代经典案例，如北京城市副中心博物馆、国家大剧院等案例，展示国家先进的建筑技术。

（5）引入中国共产党历史展览馆及70周年国庆大典现场，同时现场连线党史展览馆工程部部长（也是本专业的优秀毕业生），鼓励学生以学长为榜样，为祖国的城市建设做贡献。

（6）最后以“南院教学楼阶梯教室的剖面设计”为题，进行小组快题设计，以培养高阶创新设计能力及团队协作能力。并将建筑设计法规、无障碍设计、绿色节能措施等维度融入评价标准，形成价值评价与能力评价并重的综合素质考核标准。

（四）课程思政教学改革创新点

（1）通过四大类经典建筑案例融入思政元素（见图1）。通过时代经典展示国家先进建筑水平，通过古代经典学习中国传统建筑文化，增强文化自信；通过红色经典了解红色历史，培育爱国情怀；通过世界经典学习以人为本、绿色创新的设计理念。

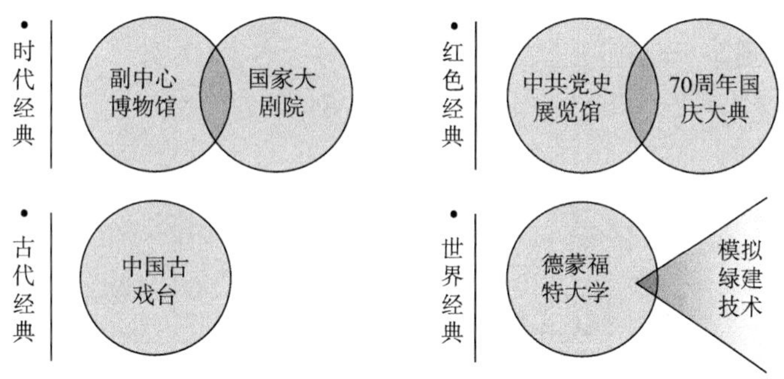

图1　四大类经典建筑案例

（2）通过小组汇报、小组快题设计、互评互赛等环节，加强互动，提升学生高阶设计能力。以“阶梯教室的剖面设计”为题，进行小组快题设计，先进行组内协作学习，再进行组间互评互学，以提高学生的设计实践能力、创新意识和团队精神。

（3）将价值评价有机融入快题设计考核标准。在快题设计中，加入对建筑设计法规、无障碍设计、绿色节能措施方面的权重，形成价值与能力并重的综合素质考核标准（如图2）。

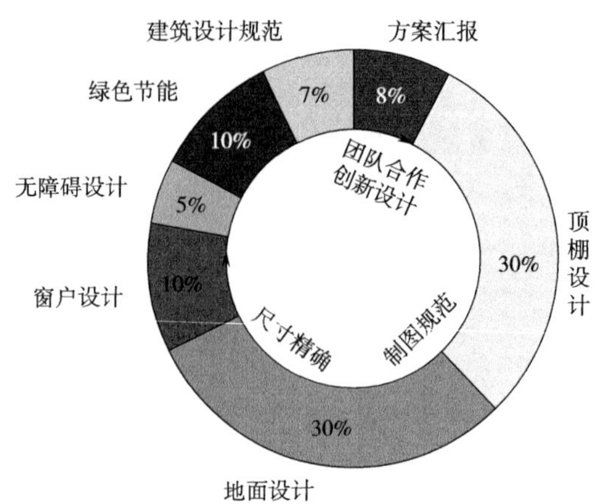

图 2　阶梯教室剖面设计评分标准

三、教学实施过程

(一) 教学方法

课程采用线上线下混合教学，教学流程见图 3。

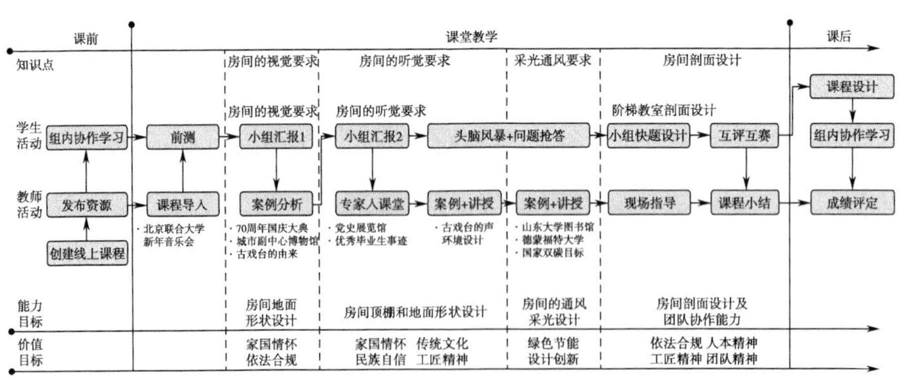

图 3　线上线下混合教学流程

课前：通过在线课程［学堂在线——房屋建筑学（蔡红、吕明）］发布课程的学习资料及视频，学生进行组内协作学习。

课中：随机抽选学生对课前学习的知识点（房间的视觉要求及听觉要求）进行小组汇报，教师结合古戏台的演变、国家大剧院、党史展览馆等案例进行深入讲解，现场连线优秀学长介绍党史展览馆的设计情况，最后以“学院教学楼阶梯教室剖面设计”为题，进行小组快题设计，学生开展组内协作学习和组间互评互赛（见图4）。

图4　利用智慧教室完成小组快题设计

课后：组织学生现场参观学习，学生可以亲临北京城市副中心博物馆（见图5），并完成学生宿舍的建筑剖面设计。

图5　参观城市副中心，工程师现场讲解

(二) 教学过程 (总时长：45 分钟)

表 1 课堂教学设计

	教学内容	学生活动	教师活动	能力与价值目标
课前				
	1. 完成某学生公寓的平面设计 2. 小组协作学习线上课程 4.1 节的视频及资料 3. 完成课前测验：线上测验 4.1	小组协作学习	发布资源	提高自主学习及团队协作能力
课中				
课程导入（1 分钟）	1. 北京联合大学新年音乐晚会现场 设问：在欣赏美妙音乐的同时，你们留意过音乐厅的地面和顶棚吗？它们应该被设计成什么样子？从而导入课程主题 2. 房间剖面形状的组成：墙面、地面、顶棚	—	问题导入	导入课程主题，引起学生的学习兴趣 了解房间剖面形状的组成
房间的视觉要求（7 分钟）	1. 以体育馆和影剧院的看台为例，讲解设计视点、视线升高值的概念 2. 座位排列方式，对位排列和错位排列	小组汇报	点评	掌握看台设计相关设计规范 感受国家的繁荣昌盛，培养爱国情怀 展示北京城市建设中的科技力量 了解中国古戏台的由来
	3. 视频。70 周年国庆大典现场。以现场看台设计为例，讲解错位排列可以降低高度，节约成本 4. 北京城市副中心博物馆下沉式观演厅的座位排列（同时介绍设计中所用的 BIM 技术、装配式技术） 5. 中国古戏台的由来：观演视线设计	课堂抢答	案例分析	

续表

	教学内容	学生活动	教师活动	能力与价值目标
	1. 满足听觉要求的不同类型房间的地面、顶棚设计及相应的设计规范	小组汇报		
房间的听觉要求（8分钟）	2. 选择题：从声音的传播路径分析哪种顶棚传音效果最好？ 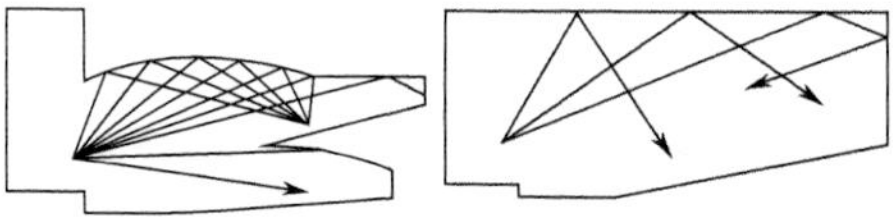 （a）凹曲面顶棚　（b）平顶棚 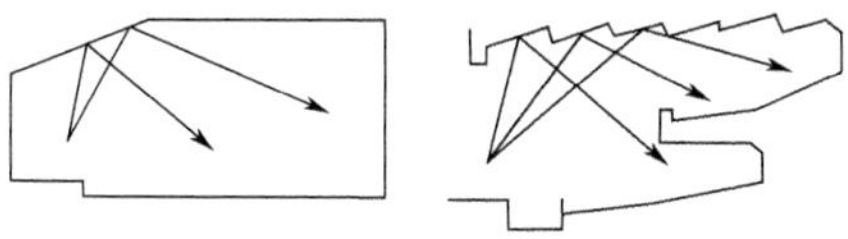 （c）台口降低　（d）波浪式顶棚 （全员抢答，全部答对的小组可以获分） 3. 国家大剧院音乐厅的剖面设计 地面坡度：三层大于一层，是因为三层的设计视点较低；顶棚形状：波浪形 4. 中国共产党历史展览馆的巨幕影厅 • 首先借助施工图讲解巨幕影厅的设计视点、巨幕尺寸等，然后指出影厅的设计亮点在于上方“倾斜的顶棚” • 由影厅顶棚讲到其上方的台阶，台阶的正前方是一面名为“旗帜”的雕塑，通向旗帜的台阶则象征着中国共产党百年奋斗的历程 • 巨幕影厅与上方的台阶完美结合，既满足了巨幕影厅的功能，又节约了空间，是一个巧妙的设计 5. 现场连线该项目的工程部部长介绍该项目，鼓励学生以学长为榜样，为祖国的城市建设事业做贡献	抢答 + 头脑风暴	案例分析 + 现场连线企业专家	掌握顶棚形状与室内声场的关系 感受国家现代建筑技术发展水平，增强民族自信 感怀中国革命历史与精神 鼓励学生以学长为榜样，为祖国的城市建设做贡献 通过学校的真实案例，引发学生的学习兴趣，思考、理解房间顶棚形状与室内声场的关系

续表

	教学内容	学生活动	教师活动	能力与价值目标
房间的听觉要求（8分钟）	 6. 抢答：根据本校学生活动中心和学生事务大厅的顶棚，判断它们各适合举办哪一类活动	抢答 + 头脑风暴	案例分析 + 现场连线企业专家	
中国古戏台的声环境设计（8分钟）	1. 古代中国尤其重视听觉在文化传播中的作用 2. 从一组成语（耳目一新、耳濡目染、耳聪目明）中佐证：古人对听觉的重视 3. 中国古戏台的演变及在声环境上的探索历史 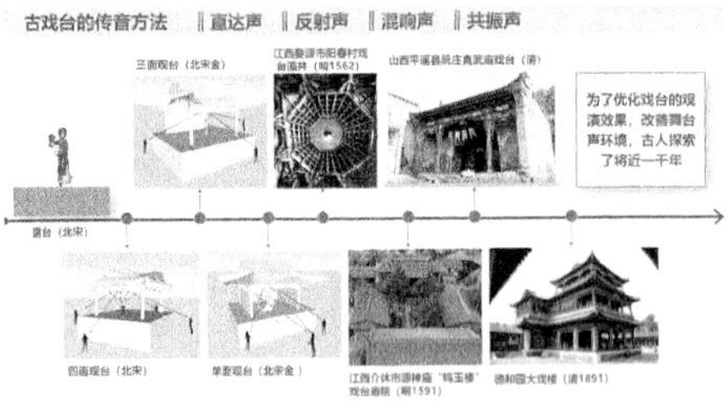 4. 北京古北口镇大戏楼的藻井和八字墙：反射声 5. 北京德和园大戏楼舞台下方的地井：共振声		案例分析 + 课堂讲授	了解古戏台的传音秘诀 展示中国古人在声环境建设上的智慧与匠心，增强文化自信、民族自信，树立精益求精的工匠精神

续表

	教学内容	学生活动	教师活动	能力与价值目标
房间的采光通风要求（8分钟）	1. 侧窗采光的房间多以矩形为主；需要“天窗”时，房间剖面形式多样 2. 绿色建筑应尽量采用天然采光和自然通风，减少人工照明和机械通风，以降低能耗 3. 案例：山东交通学院图书馆绿色化改造 退台式的设计，增加自然采光，减少人工照明 4. 案例：英国德蒙福特大学女王馆（Queen Building）采用自然通风策略的建筑剖面形状 5. 国家“碳达峰”与“碳中和”的目标 6. 住建部：制定强制性标准，全面推行超低能耗建筑		课堂讲授 + 案例分析	掌握室内采光通风要求与房间剖面形状的关系 掌握绿建设计要点：增加自然采光与通风，减少人工照明与通风，以降低能耗 了解国家的双碳目标及相关举措，引导学生树立绿色节能的设计理念
房间剖面设计（12分钟）	1. 以“阶梯教室的剖面设计”为题，进行小组快题设计。要求：查阅相关设计规范，列出明细；标注相关尺寸；考虑无障碍设计及绿色节约措施 2. 各小组展示汇报设计要点，交叉互评 3. 教师总结点评 4. 各小组投票评选（每组2票，教师2票） 评出本节课最佳团队并记录积分	小组快题设计 + 互评互赛	现场指导 + 总结点评	掌握房间剖面设计的相关规范及要领 提高设计实践能力、创新意识和团队精神
小结（1分钟）	1. 总结课程要点 2. 总结古戏台的传音秘诀 布置课后作业	—	课堂讲授	—
课后				
	1. 小组探究学习：学生公寓剖面设计如何体现人本需求 2. 作业：学生公寓楼剖面设计	协作学习	—	提高实践能力 树立以人为本的设计理念

（三）教学反思

1. 立足专业融入思政

思政不是说教，不是口号，是融入课程专业知识之中的细胞，不要为了“思政”而思政。比如，本节课在讲解房间顶棚设计时，选用了中国共产党历史展览馆巨幕影厅的案例，虽然讲到了影厅上方的台阶寓意着中国共产党百年奋斗的历程，但主线仍然落在“巨幕影厅的顶棚设计”上，不能将专业课讲成思政课。

2. 让学生“听得见”“看得见”“做得到”

（1）选取学生亲眼所见、亲身经历的案例可以激发学生的学习兴趣。本节课特地选取了本校学生活动中心及学生事务大厅的顶棚照片，让学生分析两种顶棚的优缺点及其适用的场合，课堂抢答积极。同时，还选用了学生刚刚参观过的北京城市副中心博物馆的观演大厅，激发了学生的探究热情。

（2）除了课堂讲授，还要注重设计实践，使学生亲身体会做人做事的道理。本节课设置了小组快题设计环节，学生在设计过程中，体会严谨、规范、细致的工匠精神、创新精神，以及绿色节约的设计理念，并通过组内协作学习、组间互评互赛等方式，使学生互帮互学，共同进步。

3. 关心国家大政方针和关注时事新闻

课程内容不可能一成不变，除了随时在变化的时代经典建筑案例，国家的大政方针、时事新闻也是在不断变化中的，需要教师用智慧去挖掘、融入、提炼、加工和传输。比如，本节课的最后讲到了国家的“双碳”目标，以及住建部正在制定强制性标准全面推行超低能耗建筑的举措。这就需要教师及时更新课程内容，将最新的理念传输给学生。

主讲教师：蔡红，教授，北京市高校课程思政教学名师，北京联合大学课程思政优秀教师。主要从事绿建设计、建筑工程信息化研究。主讲“房屋建筑学”等课程。课程获第二届全国高校教师教学创新大赛二等奖，北京市高校教师教学创新大赛一等奖，北京市高校课程思政示范课程，北京联合大学课程思政教学设计大赛特等奖。课程案例入选北京市高校课程思政建设优秀案例集。在线开放课程入选人民网示范课、国家高等教育智慧教育平台。

社会间的文化相对差异性

——社会学课程思政教学设计

一、课程基本情况

课程名称：社会学

授课对象：人力资源管理专业本科二年级学生

课程性质：专业选修课程

课程简介：本课程是人力资源管理专业选修课。课程内容包括社会学的对象、社会的构成、人的社会化、社会互动、初级社会群体、社会阶级与阶层、社会问题等。本课程的学习目标旨在了解社会学的核心概念、主要思想，掌握社会学的研究方法，能从社会学的视角，关注现实问题，分析社会现象，把握社会发展，对中国特色社会主义事业和发展形成正确认识，提高社会适应、融入及改造能力。

二、案例教学设计

（一）案例简介

本案例为第二章“社会及其构成”中的第三节“文化”，知识点为“社会间的文化相对差异性”，具体内容包括我族中心主义与文化相对主义的概念及产生原因。本案例为课程思政教学设计大赛参赛案例，教学设计时长为10分钟。

（二）学情分析

1. 知识及能力基础

学生已经掌握文化的概念和功能方面的知识，并对同一个社会内部的文化相对差异性有了初步认识。根据雨课堂中学生观看“杀马特”亚文化纪录片的反馈结果（图1）可知，学生对于亚文化的包容和理解度有所提升，87%的学生明白同一个社会内的文化之间存在相对差异，但对于文化内涵的理解不够深入，基本停留在知识层面。

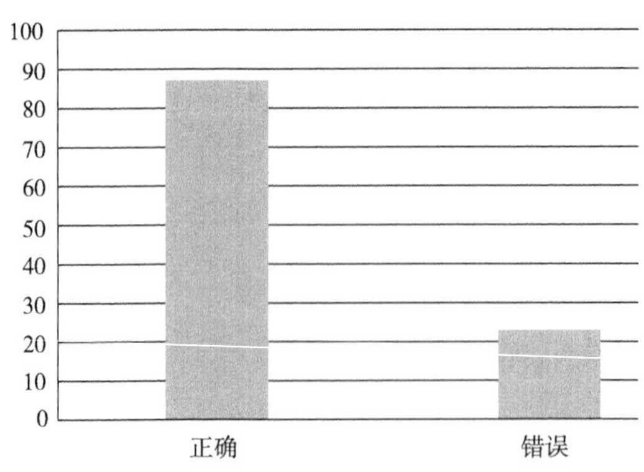

图 1　雨课堂作业反馈结果（%）

通过雨课堂调查（图 2）得知，65%的学生在生活中与外国人、外国文化深入交流的机会相对较少。因此，对于如何应对不同社会中文化之间的相对差异，尚不清晰。

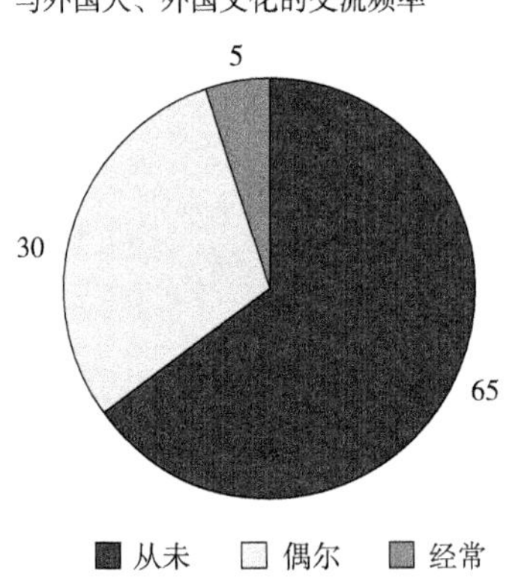

图 2　雨课堂课前调查结果（%）

2. 学习心理

学生对于“文化”方面的知识充满兴趣和表达欲，对于中华文化具有比较高的认同，但对相对深刻和晦涩的理论知识学习比较抵触。同时由于部分学生学习习惯较差，耐心和投入不足，因此对理论学习部分，容易出现浮躁和走神的情况。

3. 认知特点

2000 年以后出生的大学生对社会热点问题比较关注，但思想观念仍处于波动变化之中，容易受到外界影响，呈现摇摆在“中国文化世界第一”和“中国文化软实力不如西方”两种极端的思想中，对于中华民族文化缺乏理性、客观、中性的认识。

总体来说，学生存在知识能力上流于表层，心理上抵触理论学习，认知上摇摆不定三个问题。

(三) 教学策略与方法

针对学情分析中的三个问题，制定相应的教学策略，并综合运用多种教学方法予以破解，最终实现教学目标，具体策略与方法见图 3。

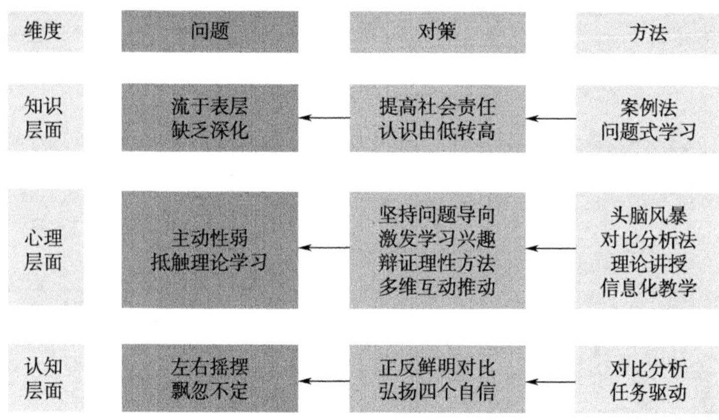

图 3　教学策略与方法

(四) 教学目标

1. 价值目标

(1) 学生能够深入理解不同文化，具备换位思考的同理心，树立正确的文化观。

(2) 学生能够关注社会现实，具备强烈的社会责任感。

(3) 学生能够认同中华优秀传统文化，提升四个自信。

2. 知识目标

(1) 学生能够阐述我族中心主义与文化相对主义的内涵。

（2）学生能够理解我族中心主义与文化相对主义的发生原因。

3. 能力目标

（1）学生具备客观、辩证的思维习惯，能够区分不同的文化观，正确处理不同社会间的文化差异。

（2）学生能够提升日常沟通交流效率，减少人际摩擦，提高团队协作能力。

（五）重点难点分析

1. 教学重点

通过对两个概念的全面辨析，理解社会间的文化相对差异性，树立正确的文化观。

2. 教学难点

把握两种文化观各自产生的根本原因及底层逻辑。

（六）思政元素融入设计

结合知识内容，选取适当的案例作为融入载体，实现思政元素的有机融入，具体设计详见表1。

表1　课程思政融入设计

知识点	思政融入载体	思政元素
我族中心主义的概念及原因	沙特与伊朗的冲突	社会责任、辩证理性
文化相对主义的概念及原因	伊朗与沙特在北京建交 中国文化观的历史渊源、外交实践、理念发展	四个自信
社会间的文化相对差异性	生活中的我族中心主义分析	四个自信、同理心

（七）教学设计路径

在课前、课中、课后三个阶段的教学活动中，通过教学设计，结合多种教学方法，知识由低阶向高阶，实现由以教师为主到学生为主的转换，实现价值塑造、能力培养、知识传授的教学目标。教学设计路径见图4。

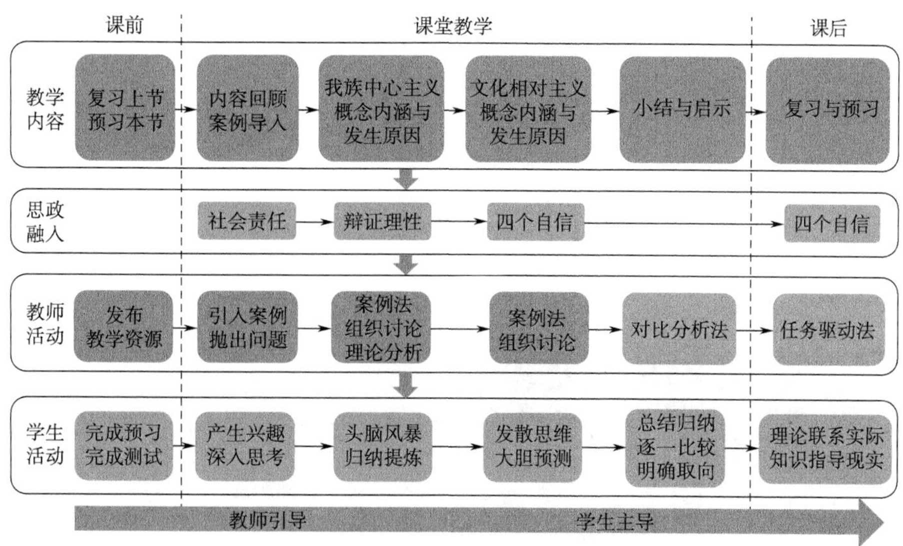

图 4　教学设计路径图

三、教学过程（总时长 10 分钟）

表 2　课堂教学设计

教学阶段	教学内容	教学活动		设计目标	课程思政元素
		教师	学生		
第一阶段　课前活动					
任务发布	复习、测验	发布活动	完成课前测验	了解学情	
学前诊断	1. 总体结果。通过主、亚文化的学习，理解社会内部的文化相对差异性 2. 共性问题。对社会外部的文化相对差异性理解有限，认为不同国家文化之中存在水平的区别，对社会间的文化相对差异性知识有待加强 3. 个性问题。个别学生对社会群体内部的亚文化持包容态度，但对于社会群体外部的他族文化包容性偏低，敌对性偏强，态度较为保守和传统	—	—	依据学情及调整策略，深入分析我族中心主义的成因	—

续表

教学阶段	教学内容	教学活动		设计目标	课程思政元素
		教师	学生		
第二阶段　课堂教学					
导入（1分钟）	【案例分析】介绍沙特与伊朗在北京复交 伊朗和沙特突然宣布恢复外交关系，这个消息在国际上引发了剧烈的反响 【问题导向】沙特与伊朗在北京复交背后三问：两国为何长期对立？现在为何发生变化？为何在中国实现和解？带着三个问题，我们走入今天的课堂	案例导入，启发教学	思考教师提问	引发学生兴趣，激发学习热情	社会责任 辩证理性
	【主题介绍】介绍课程主题脉络 今天学习社会间的文化相对差异性，包括我族中心主义与文化相对主义	总体介绍	形成初步认识	梳理课程结构	
我族中心主义（3分钟）	【案例分析】沙特与伊朗的宗教分歧 沙特和伊朗错综复杂的关系通过宗教问题可见一斑：以沙特为代表的逊尼派主张选举制，认为通过选贤任能决定继承人；以伊朗为代表的什叶派主张世袭制，认为血脉决定法统，继承人必须是嫡系。随着时间推移，二者的矛盾日益加深	案例分析	总结思考	激发兴趣，引发深入思考	社会责任

续表

教学阶段	教学内容	教学活动		设计目标	课程思政元素
		教师	学生		
我族中心主义（3分钟）	【概念界定】介绍我族中心主义的概念 这种以自我为中心、唯我独尊的文化观念，就是我族中心主义	讲授法	结合现象，自主总结出概念内涵	透过现象看本质，凝练概念	辩证理性
	【原因分析】分析我族中心主义的发生原因 依据产生基础不同，韦伯把人的认识划分为价值判断和事实判断。当价值判断压倒事实判断的时候，就会产生我族中心主义。受此影响，人们陷入价值多元化困境中，个体容易陷入迷茫，群体间容易发生冲突	讲授法	深度思考	介绍思维工具，为剖析现象提供方法	辩证理性
文化相对主义（2分钟）	【概念界定】介绍文化相对主义的概念 与此相对应的是文化相对主义。它认为，文化没有高低优劣之分，文化之间的差异是相对的	讲授法	对比思考、归纳概念	理论联系实际，理解概念内涵	辩证理性 社会责任
	【原因分析】分析文化相对主义发生的原因 当事实判断大于价值判断的时候，就会产生文化相对主义。它主张文化评价标准是相对而言的，对某种文化进行评价，必须将其嵌入自身结构中，通过原本的价值体系进行。 所以，我们不能站在本民族的立场上，用我们的价值观念去批判、矮化其他民族的文化，更不能随意将我族文化强加于人	讲授法	总结思考，联系自身	进行发散思维，深入理解内涵，指导自身行为	辩证理性 社会责任

续表

教学阶段	教学内容	教学活动		设计目标	课程思政元素
		教师	学生		
中国的文化相对主义：历史渊源（1分钟）	【案例分析】对中国文化相对主义进行论证 中国文化相对主义的历史渊源。自古以来，中国人将理想社会概括为天下大同。对人和人、族群和族群之间的客观差异，孔子提出“和而不同”的处理策略。中国的文化传统提倡“包容的文明观”，呼吁以文明共存超越文明优越	案例法	发散思维，理解文化渊源	激发文化自信，培养学生的辩证思维和延伸能力	道路自信 文化自信
中国的文化相对主义：外交实践（1分钟）	中国文化相对主义的外交实践。文化相对主义的理念，始终贯穿着中国的外交实践。从周恩来总理提出的“和平共处五项原则”，到今天中国斡旋下的沙特与伊朗在北京和解，再到习近平主席刚刚完成的对俄国事访问，无论是中东冲突，还是俄乌冲突，中国将继续践行文化相对主义，为妥善处理当今世界的热点问题发挥建设性作用，展现大国担当	案例法	发散思维、前后呼应	联系国际形势，激发爱国热情，深化学生对时代和中国发展的认识	社会责任 道路自信 理论自信 制度自信 文化自信
中国的文化相对主义：理念发展（1分钟）	中国文化相对主义的理念发展。我们提出构建人类命运共同体，对文化相对主义的理念进行了发展。人类命运共同体理念一经提出，得到了国际社会的广泛认同，标志着人类全球化进入合作共存的建设性新阶段，实现了全人类的价值认同，是对文化相对主义的巨大超越和理念发展	案例法	深度思考	深化思想认识，增加制度认同，激发爱国热情和自豪感	辩证理性 道路自信 理论自信 制度自信 文化自信

续表

教学阶段	教学内容	教学活动		设计目标	课程思政元素
		教师	学生		
课程小结（30秒）	【内容小结】 课程小结，通过两个概念的内涵、发生原因进行对比总结，引导树立正确文化观	总结法	回忆总结	巩固知识传授结构，融入价值引导	社会责任 辩证理性 四个自信
作业布置（30秒）	【小组作业】 请学生联系生活实际，分析“我族中心主义”在工作和生活中各有哪些具体表现、有何影响、如何应对 3人一组完成，形成调研报告上传至雨课堂，下节课进行展示	布置作业	完成作业	分析教学成效，改进未来设计	社会责任 辩证理性
第三阶段　课后活动					
课后学习	【课后学习】 文献、视频等学习资料已经上传到雨课堂中，请大家按要求完成课后学习任务	批阅作业、教学反思	完成自主学习	巩固知识、理论联系实际	辩证理性 自主学习 同理心

四、教学评价

（一）评价内容及标准

本节课的考察方式包括测验（课前、课中、课后）、考勤及课堂表现、小组讨论、课后作业和教学评价。其中考勤及课堂表现、小组讨论在课堂中完成，测验、课后作业和教学评价依托雨课堂平台进行。具体评价标准及考核指标点见表3。

表3　教学评价标准及考核指标点

考核方式	考核内容	权重（%）	价值塑造			知识传授		能力培养	
			1.1	1.2	1.3	2.1	2.2	3.1	3.2
测验	知识的掌握情况	30	—	—	—	√	√	√	√
考勤	上课出勤情况	5	√	√		√	√	√	√

续表

考核方式	考核内容	权重（%）	价值塑造			知识传授		能力培养	
			1.1	1.2	1.3	2.1	2.2	3.1	3.2
课堂表现	课堂参与和发言	5	√	√	√	√	√	√	√
小组讨论	参与及组织状况	10	√	√	√	√	√	√	√
课后作业	报告写作质量	40	√	√	√	√	√	√	√
教学评价	反馈结果	10	√	√	√	—	—	√	—

（二）评价结果

根据雨课堂教学反馈分析（图5），学生小组讨论过程、表现和结果说明学生能够树立文化相对主义价值观；学生课前、课中和课后测评结果（图6）说明，大多数学生能够扎实掌握文化相对主义和我族中心主义的知识内容；学生论文说明学生能够将正确的文化观运用于指导生活和学习。

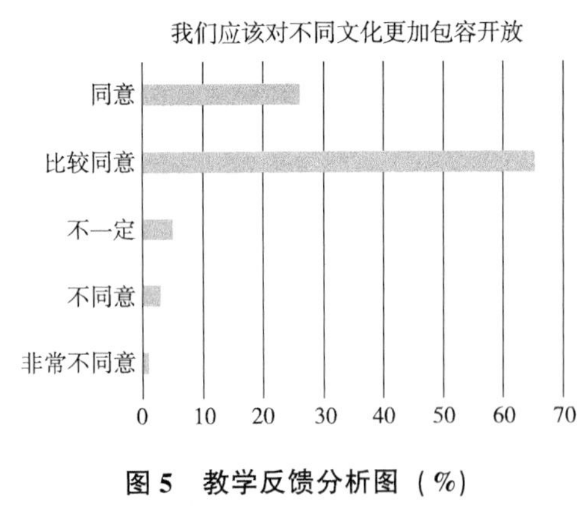

图5　教学反馈分析图（%）

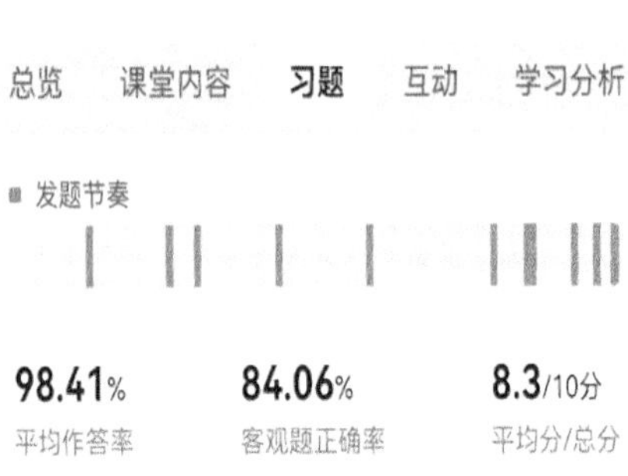

图6　课后测验答题情况例图

五、教学反思

（一）教学成效

经过课前、课中、课后第三阶段的教学活动，根据教学评价结果，学生在价值层面树立了正确文化观念，提升了四个自信；在知识传授层面深入理解两种不同文化观的表现、成因及影响；在能力培养层面学会妥善处理文化差异导致的矛盾冲突，达到了较好的教学成效。

（二）特色与创新

1. 内容上凸显中国特色

结合国际热点，介绍中国外交成就作为案例贯穿始终，巧妙融入课程思政元素，引导学生关注现实问题，对中国特色社会主义成就形成正确认识，体现了学科特色与时代关切。

2. 方法上以学生为中心

采用线上线下混合式等教学方法，实现了由教师为主到学生为主的转换，激发学生学习兴趣，对知识进行深入浅出地阐述，淡化理论，注重实用，达到了较好的教学效果。

（三）不足与改进

1. 不足

分析我族中心主义的产生根源时，仍有少数学生对于韦伯的“价值中立”理论一知半解，学习积极性不高。

2. 改进

拟选择更贴近学生实际生活的案例，用生动有趣的语言对原理进行清晰表述，力求提高学生的学习兴趣。

主讲教师。温煦，讲师，博士，北京联合大学课程思政优秀教师，曾获北京联合大学课程思政教学设计大赛一等奖，北京联合大学青年教师教学基本功大赛三等奖。主要研究方向为人力资源管理，主讲“社会学”等课程。近年主持省部级科研课题、北京市级科研课题、校级课题多项，发表论文 20 余篇。

参考文献

著作：

［1］马克思，恩格斯．马克思恩格斯选集：1-4卷[M]．北京：人民出版社，2012.

［2］列宁．列宁全集［M］．北京：人民出版社，2017.

［3］毛泽东．毛泽东选集：1-4卷[M]．北京：人民出版社，1991.

［4］苏联教育科学院．马克思恩格斯论教育：上卷[M]．编译小组，编译．北京：人民教育出版社，1985.

［5］习近平．习近平谈治国理政：1-4卷［M］．北京：外文出版社，2018，2017，2020，2022.

［6］中共中央文献研究室．十八大以来重要文献选编：上中下册[M]．北京：中央文献出版社，2018.

［7］中共中央党史和文献研究院．十九大以来重要文献选编：上中下册[M]．北京：中央文献出版社，2023.

［8］党的二十大文件汇编［M］．北京：党建读物出版社，2022.

［9］教育部课题组．深入学习习近平关于教育的重要论述［M］．北京：人民出版社，2019.

［10］顾相伟．马克思人的全面发展思想及其当代发展研究［M］．上海：复旦大学出版社，2018：31.

［11］韩庆祥，亢安毅．马克思开辟的道路：人的全面发展研究［M］．北京：人民出版社，2005：141.

［12］张智．通往人的全面发展之路 社会主义条件下人的现代化研究［M］．北京：中国人民大学出版社，2019.

［13］陈勇．社会主义核心价值体系引领社会思潮的方式和途径研究［M］．北京：中国社会科学出版社，2016.

［14］韩宪洲．新时代立德树人的理论探索与实践创新［M］．北京：北京出版社，2021.

［15］钟启泉．课程设计基础［M］．济南：山东教育出版社，1998.

［16］黄济，王策三．现代教育论［M］．北京：人民教育出版社，1996.

［17］董尚文．课程思政教学研究［M］．武汉：华中科技大学出版社，2023.

［18］王英龙，曹茂永，刘玉，等．课程思政：我们这样设计［M］．北京：清华大学出版社，2020.

重要文章：

［1］韩宪洲．深化“课程思政”建设需要着力把握的几个关键问题［J］．北京联合大学学报：人文社会科学版，2019（2）.

［2］邱伟光．课程思政的价值意蕴与生成路径［J］．思想理论教育，2017（7）.

［3］陆道坤．课程思政推行中若干核心问题及解决思路：基于专业课程思政的探讨［J］．思想理论教育，2018（3）.

［4］韩宪洲．课程思政方法论探析：以北京联合大学为例［J］．北京联合大学学报：人文社会科学版，2020（4）.

［5］崔延强，陈孝生．马克思劳动教育思想及其当代价值［J］．苏州大学学报：教育科学版，2022（1）.

［6］孔军，许明月，赵珏．课程思政的思想源泉、理论遵循与方法依据［J］．北京联合大学学报：综合版，2022（1）.

［7］肖香龙，朱珠．“大思政”格局下课程思政的探索与实践［J］．思想理论教育导刊，2018（10）.

［8］高锡文．基于协同育人的高校课程思政工作模式研究［J］．学校党建与思想教育，2017（12）.

［9］邱伟光．课程思政的价值意蕴与生成路径［J］．思想理论教育，2017（7）.

［10］杨晓慧．课程思政与学校课程管理创新［J］．教育研究，2020（9）.

［11］杜震宇，张美玲，乔芳．理工科课程思政教学评价原则、标准与操作策略［J］．思想理论教育，2020（7）.

［12］刘承功．高校深入推进“课程思政”的若干思考［J］．思想理

论教育，2018（6）.

［13］敖祖辉．高校“课程思政”的价值内核及其实践路径选择研究［J］．黑龙江高教研究，2019（3）.

［14］邱伟光．论课程思政的内在规定与实施重点［J］．思想理论教育，2018（8）.

［15］史巍．马克思主义理论教育亲和力的价值分析和实现路径［J］．思想理论教育导刊，2020（8）.

［16］高德毅，宗爱东．从思政课程到课程思政：从战略高度构建高校思想政治教育课程体系［J］．中国高等教育，2017（1）.

［17］王海威，王伯承．论高校课程思政的核心要义与实践路径［J］．学校党建与思想教育，2018（14）.

［18］高德毅，宗爱东．课程思政：有效发挥课堂育人主渠道作用的必然选择［J］．思想理论教育导刊，2017（1）.

［19］刘建军．课程思政：内涵、特点与路径［J］．教育研究，2020（9）.

［20］陆道坤．论课程思政的教学设计与实施［J］．思想理论教育，2020（3）.

后　记

2017年，北京联合大学开始全面推动课程思政建设，我对课程思政问题的思考、探索和实践也是从那时开始的。7年后回头看，这些年为什么对这个主题一直保持研究和实践的热情与敏感度，与我7年的教育学学习经历和20多年的高校教师职业经历有关。这些经历让我一直在思考一些问题，教书育人是教师的职责，讲好课、育好人是我们的职责，党的十八大以后提出的“课程思政”是一个新概念吗？与教书育人是什么关系？课程思政是不是就是教书育人？如果是为什么还要重新提出？如果不是，二者区别又在哪儿？如何将课程思政的理念润物无声地落实到教学文件、课堂教学和实践活动中？

带着这些问题我研读了大量关于课程思政的理论文章和改革实践案例，激励我深入探索下去的动力是2020年7月至2021年8月借调到北京联合大学党委宣传部的工作学习经历。其间，我系统学习了习近平新时代中国特色社会主义思想，特别是习近平关于教育的重要论述，通过研读习近平系列讲话、重要论述，我深刻认识到高校开展课程思政建设的时代价值和深远意义。为了将课程思政教学改革做深、做实，7年间调研了我校及其他高校30多个专业近百门课程，深入了解高校教师课程思政实践过程中的做法与经验，并尝试从教学理论层面总结课程思政教学设计与实践的规律。同时，以我主讲的“人力资源管理心理学”“人员素质测评综合实践”两门课程为例，从课程目标到教学评价，从教学文件到课堂教学，从资源开发到学生辅导，从显性课程到隐性课程进行了全面梳理、探索和改革，力争将课程思政教育理念融入教育教学全过程、各要素中。几年的理论研究和实践探索形成了比较系统的课程思政建设方案，其中课程思政教学文件和教学案例的编写为青年教师编写课程教学文件提供了参考；隐性课程思政概念的提出为实践课教师开展实践类课程思政教学改革提供了新思路；课程思政教学设计和教学评价为更多一线教师开展课程思政教学改革、深化课程思政建设提供了借鉴。

本书是在系统整理本人课程思政理论研究和实践改革成果的基础上撰写而成的。本书能顺利完成并出版得到了很多人的支持和帮助，在此表示感谢。首先感谢在我借调期间，校党委宣传部领导和部里同事们给予我的指导和帮助，使我对课程思政是什么，课程思政为什么和课程思政怎么做有了切实的感知和深刻理解；感谢校教务处给予的课题支持，坚定了我深入研究和探索下去的决心；感谢生化学院党委、组宣办领导在本书出版过程中给予的支持和鼓励；感谢生化学院资源管理系领导和各位老师在我写作过程中贡献的方案和建议；感谢首都经济贸易大学安鸿章教授、出版社薛捷编辑对我的信任和支持，使我相信高校专业教师也有教学研究和著述的能力。特别感谢北京联合大学工程管理专业前专业负责人蔡红教授、人力资源管理专业青年教师温煦博士，两位老师是北京联合大学课程思政优秀教师，她们在课程思政教学改革实践中形成了非常丰富、精彩的教学案例，并热诚、无私地分享给本书，帮助更多教师在课程思政示范教师的引领下不断前行。最后，感谢在我研究和实践探索这些年支持我学习工作的家人、鼓励我努力前行的好友，你们的陪伴、包容和鼓励让我笔耕不辍、情怀不老、奋斗不止。

本书也是2020年北京市教委“本科教学改革创新项目——课程论视域下课程思政教学设计与实践研究”（京教函〔2020〕427号）、2021年北京联合大学“教育科学研究项目——高校课程思政教学评价体系研究”（JK202107）的研究成果。本研究只是在教育学视角下对课程思政教学问题进行了一些尝试性探讨。当前，高校课程思政研究和实践进入了新的阶段，如何在“大思政课”背景下更好地开展课程思政教学改革，落实立德树人根本任务，提高教育教学质量，需要深入思考和研究，也是一个有意义有价值的时代课题。本书仅为个人理论研究和教学实践中的思考，由于能力有限，本书有疏漏、不妥之处，恳请读者指正。